CONTENTS

MANIPOLAZIONE MENTALE

PROTEGGITI IMPARANDO LE 7 TECNICHE SEGRETE DI PERSUASIONE UTILIZZATE PER INFLUENZARE E CONVINCERE ABILMENTE LE PERSONE

Scritto da Stefano Gentilini

DISCLAIMER

In questo libro parleremo di una disciplina comunemente chiamata manipolazione mentale. Già dal nome molti di noi potranno sentirsi allarmati o proveranno ad attivare qualche loro tipo di meccanismo di difesa, ma non dovrà essere questo il caso. Quando parliamo di manipolazione mentale, parliamo effettivamente di una sorta di arma a doppio taglio, che però incoraggio ad usare solamente quando strettamente necessario, o proprio per evitare di cadere in questa trappola.

Sarà capitato a tutti di essere stati "convinti" a fare qualcosa nonostante le nostre idee iniziali e la nostra fermezza, potrebbe essere stato questo il caso. Ci tenevo a precisare prima dello sviluppo di questo volume, che non incoraggio alla pratica di questa disciplina per arrivare ai propri scopi e ottenere qualcosa dalle persone che fanno parte delle vostre conoscenze. Non invito assolutamente nessuno ad utilizzare altre persone, che siano familiari o non, conoscenti, estranei. La manipolazione mentale viene spesso attuata in ambienti lavorativi di un certo tipo che andremo ad analizzare solamente in un secondo momento.

Ciò che io farò, sarà analizzare la manipolazione mentale da un punto di vista puramente psicologico-scientifico senza incoraggiare i singoli individui alla pratica di questa disciplina. Tuttavia, ritengo che per alcune persone questo tipo di lettura possa rivelarsi utile proprio per permettere loro di evitare che questo tipo di comportamenti si possa riversare nei loro confronti danneggiandoli e usandoli.

Se pensi di essere una persona in grado di poter sostenere questo tipo di lettura in segno di difesa, allora sappi che in un secondo momento andrò anche ad evidenziare quelli che sono i comportamenti tipici di un manipolatore e le tecniche più comuni che vengono spesso messe in pratica. Spero di aver mandato il messaggio giusto, e ripeto che nonostante tutto, si tratta comunque di una scienza e di uno studio basato su delle fondamenta ben solide.

Tuttavia, è da tenere ben presente che quotidianamente ognuno di noi si trova sicuramente colpito da un qualche meccanismo di manipolazione mentale, e che possa consapevolmente o meno prendere delle scelte in quanto conseguenza di questo tipo di comportamento e studio.

CAPITOLO 1: INTRODUZIONE ALLA MANIPOLAZIONE MENTALE

Mi piacerebbe introdurre questa scienza con una celebre frase letteraria firmata da Goethe, questo autore infatti era solito dire che nessuno è più schiavo di colui che si ritiene libero senza esserlo. In questi capitoli andremo infatti ad affrontare il tema della manipolazione mentale, che potrebbe molte volte essere frainteso e giudicato erroneamente, da coloro che la maggior parte delle volte non studiano a fondo le potenzialità e le numerosissime sfaccettature di questa disciplina.

Non mi sento ancora di andare nel profondo della manipolazione in sé, perché preferirei dare delle direttive iniziali come da dovere. Il problema effettivo della manipolazione, è che potrebbe portare uno o più individui a perdere sempre di più con il tempo la consapevolezza delle proprie azioni e dei propri comportamenti. Sono numerosissimi gli studi e le riflessioni alla base della filosofia, sin dai tempi più antichi, che cercano di indagare su cosa sia in grado di rendere l'uomo diverso e/o superiore agli altri esseri viventi. Perché ho tirato fuori questo argomento?

Beh, si può dire che l'uomo si caratterizza proprio in quanto essere vivente dotato di elevate capacità razionali. Siamo tutti uguali o siamo tutti diversi? Questo non sono certo io a dirlo, ma il problema di fondo è che qui alcuni individui vengono effettivamente privati di quelle che sono le loro capacità soggettive e razionali. Tuttavia non è sempre così, non lasciamoci ingannare troppo da queste parole, quando parliamo di manipolazione mentale parliamo sicuramente anche di influenze interne o esterne, che caratterizzano la nostra vita nella sua più totale interezza.

Noi siamo sempre e costantemente sottoposti ad influenze che siano interne o esterne fa poca differenza, ma viviamo in un mondo in cui è sempre più raro distinguersi e proporre un'idea differente dalle altre, un mondo in cui qualsiasi cosa che ci circonda influenza noi, i nostri gusti e le nostre scelte. Spesso sottovalutiamo questo aspetto della nostra realtà, ma ci allontaniamo sempre di più da quella concezione dell'uomo selvaggio privo di influenze e di industrializzazione.

Le due cose potrebbero essere fortemente scollegate, ma provate un attimo a pensare: cosa vi ha portato ad indossare gli abiti che avete adesso indosso? Cosa vi ha fatto scegliere di leggere questo libro o non leggerne un altro? E perché proprio quel paio di occhiali, quel paio di scarpe, quel telefono cellulare o quel computer, perché quella linea di dentifrici e perché mai scegliere proprio il tè con funzione digerente o diuretica? Okay, forse sto esagerando, ma ci sarebbero davvero moltissimi altri esempi su cui basarsi che non ho nemmeno nominato lontanamente.

Che poi, più si va avanti e ci si sofferma a pensare su questi temi e peggio è, ve lo posso assicurare. Partiamo dalle cose più lontane: pensiamo ai giornali, a tutte le notizie che ci presentano ogni giorno e che sembrano essere così oggettive e prive di interessi di secondo tipo o di influenze a livello politico e sociale. Ah, se solo fosse tutto più chiaro e se vivessimo in un mondo più onesto! Eppure non si tratta solo di questo. Ciò di cui stiamo parlando ora è poco e nulla. Per fare un passo avanti, pensiamo adesso alla televisione, che mondo felice quello della tv!

Eppure non abbiamo nemmeno idea della pioggia di manipolazione mentale che avviene solamente grazie allo strumento della televisione. Gli annunci pubblicitari sono poco e nulla, i programmi a base giornalistica che presentano i vari politici e personaggi di spicco che guarda caso non sono mai così tanto casuali, il tg e i canali che danno una chiara direzione politica (seppur velata e in secondo piano), le pubblicità che sono presenti in altri programmi e ci fanno credere di aver bisogno del tagliere del noto programma di cucina, o del rotolone per pulire di quella determinata marca perché se lo usano i cuochi funziona davvero.

Pensiamo ad esempio a tutti gli abiti che indossano le presentatrici più note o i presentatori, per non parlare delle sfilate o dei commenti e della satira che ne fanno in tv della moda. Non finiremmo più di parlare di moda e questo è solo un argomento tra i tanti di cui si potrebbe parlare. Ci sarebbe anche da dire che il novanta per cento delle volte gli abiti delle note presentatrici non vengono nemmeno scelte da loro, basterebbe pensare che ci sono degli studi per capire l'efficienza di un abito in tv, per capire che nulla di quello che vediamo alla fine è puro e privo di un fine.

Quante cose che si potrebbero dire a riguardo! Il problema è che ognuno potrebbe avere il suo parere, il suo modo di pensare e le sue opinioni, ed è effettivamente impossibile non influenzare qualcuno o non sentirsi influenzati, soprattutto dal momento che stiamo parlando proprio di manipolazione mentale. Ci saranno sicuramente diversi macro filoni di pensiero a riguardo, ma ciò che posso dire io per introdurvi a questo mondo, è che "dobbiamo arrenderci".

Siamo sottoposti a queste numerosissime influenze senza il nostro consenso, che però non farebbe alcuna differenza perché da sempre l'uomo è portato a giudicare e a ricevere giudizi, e finora ho parlato principalmente e unicamente di giornali e di televisione, ma non mi fermo qui. Addentriamoci un po' in queste ultime generazioni che adesso si notano ancor più di prima. Pensiamo al mondo dei social media, altro che mondo, qui potremmo davvero parlare di galassia! Pensiamo a tutti quei personaggi di spicco che quotidianamente scalano le vette in quanto a numero di followers, likes e contenuti virali. Sì, perché molti di loro amano chiamarsi content creators, ma noi li conosciamo più generalmente come influencers. Proviamo a chiederci che cosa stia ad indicare questo termine proprio a livello etimologico. Non si tratta di influenza come molti di noi potremmo pensare, ma si parla di quel tipo di influenze che abbiamo discusso prima. Influenze, condizionamenti, giudizi, manipolazioni, scelte che sembrerebbero essere prese da noi in prima persona, ma che quando ci riflettiamo ci portano ad "incolpare" il noto personaggio di spicco che ci ha fatto compiere quella pazzia.

Ovviamente questo meccanismo nasce e si sviluppa maggiormente nella televisione, quando un presentatore, un comico o semplicemente un qualsiasi tipo di personaggio viene pagato per sponsorizzare un prodotto al di fuori della sua normale programmazione. Non perderò tempo a fare nomi, ma penso che questo discorso sia più che chiaro per tutti. Nei social, come qualsiasi altra cosa probabilmente, il discorso si amplifica e si aggrava dal momento in cui la diffusione di queste "marchette" è davvero incontrollabile.

Fermiamoci un attimo, io vi sto parlando principalmente di sponsorizzazioni pagate e regolamentate dai meccanismi di marketing e di comunicazione che sicuramente possono essere studiati e danneggiano il singolo individuo in minima parte. Questo discorso nasce per sensibilizzare te lettore, e renderti più consapevole della realtà in cui vivi, anche se penso che ormai ciascuno di noi stia accettando questa realtà dei fatti senza porsi troppi quesiti o incertezze. Questo è pur sempre un mondo da conoscere, ma un mondo che è disponibilissimo negli ambiti scientifici e universitari, un mondo pieno di psicologia e di studio dei comportamenti umani, che può avvenire davvero secondo un'infinità di modi.

Dal mio punto di vista, è un bene rendersi conto della realtà in cui viviamo proprio per poterla accettare in quanto tale, essere consapevoli di ciò che ci circonda è sicuramente un punto in più a nostro favore. Io di certo non sono nessuno per poter contestare l'attuale mondo del lavoro e i fantastici meccanismi di marketing e comunicazione che vengono oggi attuati nelle aziende in sede o persino online.

Tuttavia, stiamo pur sempre parlando di manipolazione mentale, un mondo così spazioso e così ampio, che purtroppo non può accogliere unicamente individui puri e inconsapevoli. D'altra parte, come dicevo prima, è praticamente impossibile che qualcuno di noi sia privo di influenze di qualsiasi genere. In ogni caso, dovremo fare più attenzione, perché una persona potrebbe interessarsi di manipolazione mentale per moltissimi altri tipi di problemi. Di certo questa disciplina non nasce e non si sviluppa solamente in ambito lavorativo, e andremo anche ad affrontare quelle che sono e sono state le tematiche più pericolose che hanno anche portato alla sofferenza del singolo individuo per uno o più motivi legati alla manipolazione mentale. Come molti di noi sapranno, esistono forme più o meno gravi, che naturalmente possono essere messe in pratica più o meno consapevolmente dall'individuo. Sicuramente a ciascuno di noi sarà capitato di subire un lieve ricatto o di aver compiuto una determinata azione in vista di un premio o per timore di una punizione.

Come possiamo immaginare questo è poco e nulla in confronto alle forme più gravi e pesanti che analizzeremo in relazione alla manipolazione mentale. Quando però ci troveremo di fronte ad individui da un carattere con dei tratti psichici ben precisi, dobbiamo stare molto attenti a non cadere nelle grinfie di questi strani meccanismi mentali. Potrebbe sembrarci tutto normale all'inizio, potremmo non accorgerci di nulla fino alla fine così come potremo essere pienamente consapevoli della nostra situazione senza essere mai in grado di uscirne totalmente per paura o per altri motivi.

Questo è il momento che ci permetterà di comprendere quali possano essere i meccanismi più comuni e più utilizzati da questi individui che la maggior parte delle volte presentano dei tratti tipici dei narcisisti, per imparare a difenderci e/o a superare una situazione difficile. Come possiamo ben immaginare, gli individui più colpiti sono sicuramente i più deboli a livello emotivo, tutti coloro che vanno alla disperata ricerca di qualcuno, che si sentono diversi o estranei alla vita reale, o che vivono già una situazione familiare o una vita piuttosto complicata. Purtroppo è così anche questa volta, sono sempre i più deboli e i più fragili ad essere colpiti, e nonostante qui stiamo parlando di una manipolazione che è puramente mentale, dobbiamo stare ben attenti a quei danni invisibili che potrebbero ritorcersi contro di noi in un futuro.

Molte volte potremmo persino non accorgerci di ciò che ci sta succedendo, ed arrivare a compiere azioni che anche fisicamente potrebbero segnarci, ma che sicuramente ci segneranno a livello morale. Sono situazioni piuttosto difficili da cui uscire, ma proveremo a capire come nei prossimi capitoli, senza doverci allarmare eccessivamente. Spero comunque di non turbare nessuno con la spiegazione di questi temi, sarà comunque necessario un certo tipo di forza emotiva, soprattutto se il lettore è un individuo che ha oltrepassato situazioni di questo tipo o se le sta attraversando al momento.

Siamo qui per parlare di una scienza, di una disciplina con delle fondamenta ben solide che si sviluppa nel mondo del lavoro principalmente, con fini più o meno validi. Siamo qui per imparare di cosa si tratta o come fortificare il nostro carattere e il nostro pensiero per essere influenzati il meno possibile; siamo qui per difenderci e per imparare a riconoscere dei comportamenti da narcisista o da manipolatore mentale più generico; siamo qui per diffondere delle conoscenze e non per creare inutili allarmismi. Inoltre andremo sicuramente ad affrontare anche la tematica, analizzandola oggettivamente da diversi punti di vista per capire se effettivamente si tratta di una disciplina morale oppure no, anche in ambito lavorativo.

Proveremo proprio a capire materialmente come funziona e come vengono applicate queste tecniche. Affronteremo i diversi pensieri di plurimi studiosi che se ne sono occupati, e proveremo ad analizzare e a formare anche il nostro stesso pensiero a riguardo. La manipolazione mentale è sicuramente uno strumento, e noi stessi dobbiamo essere in grado di scegliere come utilizzarlo e come forgiarlo su di noi.

Di certo spero che il nostro primo istinto non sia quello di utilizzarlo contro qualcuno per scopi benefici, me lo auguro, ma la mia certezza è che parlandone riusciremo ad informare un numero sempre più elevato di persone, che sarà in grado di riconoscere questi comportamenti e all'evenienza di difendersi. Non è necessario spaventarsi eccessivamente o andare in panico, magari ci saremo ritrovati anche noi nelle vesti di manipolatori nei confronti di qualcuno involontariamente, e magari anche per questo motivo saremo in grado di migliorarci in quanto individui e in quanto persone. Spesso dei comportamenti che ci saranno sembrati innocui, hanno fatto del male a qualcuno e lo hanno indebolito emotivamente, magari abbiamo forzato un po' troppo la mano senza accorgercene, e magari dobbiamo ancora imparare a rispettare l'altro senza invadere troppo i suoi spazi a livello mentale ed emotivo.

È normale, può essere capitato a ciascuno di noi, nelle forme più lievi mi auguro, ma non per questo dobbiamo smettere di imparare e anzi, possiamo da qui trarne fonti di ispirazioni per il futuro e per imparare a mettere a proprio agio l'altro. A livello lavorativo invece, potremo imparare a gestire il cliente, a capire maggiormente le sue necessità e a capirlo al volo. Potremo imparare a gestire le nostre emozioni e quelle del cliente stesso, in modo tale da poterlo indirizzare più o meno correttamente all'acquisto di un prodotto o a commettere determinate azioni in favore della nostra azienda.

Si tratta sempre e comunque di dover rispettare i limiti della dignità umana, e quello a livello lavorativo dovrebbe stare alla base di tutto. Dunque questi sono i nostri obiettivi, e di conseguenza i temi che andremo a trattare con l'avanzare di questo scritto. Mi auguro che questi contenuti non vengano fraintesi e che anzi possano essere fonte di riflessione e di crescita, sia a livello lavorativo che individuale. Per quanto riguarda invece il singolo, ribadisco di non avere troppa paura perché andremo ad analizzare la questione da un punto di vista il più oggettivo possibile, senza condizionare eccessivamente il lettore stesso. Se sei qui perché hai già sentito parlare di questo argomento sulla tua pelle, sappi che la manipolazione mentale non è un muro indistruttibile, e che ciascuno di noi può imparare a difendersi.

CAPITOLO 2: COS'E' LA MANIPOLAZIONE MENTALE

Dunque, andiamo più nello specifico per studiare effettivamente di che cosa si tratta, analizzando la manipolazione mentale da un punto di vista più scientifico e oggettivo. Partiamo ad esempio dall'analisi etimologica del verbo manipolare: deriva sicuramente dal latino, e lo si riporta facilmente a mano.

Se andiamo ad analizzare il significato di manipulus nel latino medievale in uso, scopriamo che veniva utilizzato principalmente dai medici o da stregoni/alchimisti per indicare una manciata (ecco che ritorna l'influsso della mano) ben precisa di erbe curative. Allora non significa propriamente, modellare o rimodellare a proprio piacimento recuperando l'azione dello scultore, ma si tratta più che altro di un'azione da medico.

Torniamo a noi, sicuramente come abbiamo detto prima la manipolazione mentale nasce quasi in modo involontario, proprio dal fatto che l'uomo è portato a condizionare e ad essere condizionato, giudicare ed essere giudicato, tanto che il suo comportamento la maggior parte delle volte si basa su consigli o giudizi degli altri che lo portano ad agire in una determinata maniera. Dunque l'uomo nasce come incline alla manipolazione mentale, tuttavia quando parliamo di questa disciplina in modo più scientifico dovremmo specificare che si tratta di un tipo di influenza finalizzata proprio a mutare il comportamento altrui, che potrebbero portare persino ad un abuso dell'altro inizialmente psicologico, ma in secondo luogo anche fisico. Di norma, il fine ultimo del manipolatore mentale è quello di volgere l'altro al compimento di azioni in grado di soddisfare i suoi personali interessi, senza tenere affatto conto della singolarità della persona. Per questo prima facevo dei riferimenti alla filosofia classica e moderna, perché nei casi peggiori l'individuo rischia seriamente di essere privato di ogni forma di umanità e di singolarità.

Ciò che dovrebbe contraddistinguere ognuno di noi, è proprio quella libertà, quel libero arbitrio che stando a questi meccanismi e ragionamenti sarebbe fortemente in pericolo. Si potrebbe rimanere qui a parlarne per ore, sul tema della libertà, per capire quanto effettivamente un'azione viene compiuta da noi perché lo vogliamo e realmente ci serve, oppure perché siamo stati condizionati in qualche modo da influenze esterne. Lascio voi a questo ragionamento, dato che davvero se ne potrebbe parlare per ore e ore senza mai smettere.

Per proseguire però, andiamo un po' più nello specifico, per capire meglio di che cosa effettivamente si tratta, e i sottogruppi più importanti della sfera della manipolazione mentale. Come già sappiamo, non sempre si tratta di un comportamento che avviene volontariamente da parte dell'individuo, ma se ci pensiamo bene, nella realtà in cui ci troviamo oggi, le figure principali che associamo alla manipolazione mentale sono i venditori/commercianti e i politici. D'altronde non c'è nulla di cui stupirsi, come abbiamo detto prima per quanto riguarda la sfera del marketing e della comunicazione, è quasi impossibile ormai mettere in secondo piano queste famosissime tecniche di persuasione che andremo ad analizzare solamente in un secondo momento.

Pensiamo al mondo dei social media, o banalmente delle aziende più sviluppate che troviamo nelle pubblicità o nelle strade. Pensiamo ai loro loghi, ai loro slogan, ai loro prodotti stessi, quasi nulla di tutto ciò è casuale: loghi con determinate forme geometriche e determinati colori scelti e studiati in base al cliente, slogan per convincere alla vendita facendo leva su insicurezze del pubblico o su secondi fini, per non parlare dell'utilizzo della musica e dei jingle pubblicitari, che proprio per questo motivo sono "famosi" ed entrano nel nostro cervello senza abbandonarci praticamente mai. La musica è quasi fondamentale per un venditore che si occupa della pubblicità tramite strumenti audio e video.

Eppure io non ho mai studiato comunicazione e non ho mai fatto parte di quel mondo in prima persona, dunque proviamo semplicemente ad immaginare quanto sia vasto e denso quel mondo che dall'interno conoscerà un numero molto più elevato di tecniche e di fini, io posso attenermi solo alle mie fonti purtroppo. E poi, per tornare al discorso che ci ha permesso di sviluppare questo tema, i politici. Questo è un tema su cui probabilmente ciascuno di noi si sentirà ferratissimo. Quante volte avremo sentito parlare di campagna elettorale, quante volte abbiamo visto interviste alla televisione con questi noti personaggi politici come invitati speciali.

Quante volte ci sarà capitato di incontrare sui social un influencer che abbia deciso di promuovere il voto di un determinato partito o sfera politica, quante volte avremo avuto la possibilità di acquistare del merchandise con il noto logo del partito, o addirittura con il nome stesso del politico in questione? Si potrebbe anche qui andare avanti all'infinito, il problema è che non finisce qui. Sì, abbiamo fatto questa riflessione sull'ambito lavorativo ma alla fine noi personalmente possiamo farci poco e nulla. Il problema effettivo nasce quando da noi stessi si genera automaticamente la domanda: perché sto votando questo determinato partito?

Credo davvero nelle proposte elettorali che mi vengono presentate o si tratta solamente del frutto di un condizionamento avvenuto a priori? È difficile che questo tipo di domanda nasca spontaneamente, proprio perché se si tratta di un meccanismo di manipolazione mentale, è molto difficile rendersene conto in primis se queste tematiche non vengono discusse e presentate. L'obiettivo infondo è proprio questo: allontanarci il più possibile dalla verità e sviare persino noi stessi dal chiederci se e quando ciò che stiamo facendo dipende unicamente da noi o da influenze esterne. Non sta a me rispondere a questa domanda, è una riflessione che può fare individualmente ciascuno di voi, anche se a me sembra che la risposta sia piuttosto ovvia. Quando parliamo di manipolazione mentale, dunque, sappiamo che i campi in cui è a livello lavorativo più diffusa, sono il campo del marketing e del commercio, e quello della politica.

La cosa non dovrebbe stupirci più di tanto, ma proseguiamo innanzi. Perché parliamo principalmente di queste due categorie? Non si tratta solo di dati di tipo quantitativo, ma anzi e soprattutto parliamo di una manipolazione mentale molto più estesa persino a livello qualitativo. Se ci pensiamo bene, i commercianti più abili e i politici, sfruttando queste loro tecniche e meccanismi conoscitivi, sarebbero persino in grado di adottare strategie di manipolazione di massa, che sia per farsi votare, per acquistare un prodotto ecc ecc. Sappiamo anche noi che questo non è affatto impossibile o surreale, e se ci pensiamo bene, non è avvenuto nemmeno troppo tempo fa. Pensiamo alle elezioni negli Stati Uniti, che negli ultimi anni hanno prodotto un vociferare davvero infinito riguardo questi temi.

La diffusione delle informazioni sui social, le proteste, l'attacco alla sfera politica avversaria, fino ad arrivare a chiedersi effettivamente se le votazioni si fossero svolte su un piano umanamente corretto e realista oppure no. Ciascuno di noi avrà sentito parlare del caso di Facebook, che attraverso una serie di informazioni, di pubblicità e di articoli, avrebbe influenzato gran parte dei suoi utenti a votare l'uno o l'altro schieramento. La manipolazione mentale è dunque uno strumento morale o immorale?Anche questo sarà un tema che affronteremo in futuro, dopo che vi avrò presentato numerose altre casistiche. Ormai lo sappiamo tutti, una delle prime direttive che ti danno ad un corso di comunicazione è che quando il servizio offerto è gratuito, il prodotto sei tu. Banalmente l'uso di internet e dei social, attraverso pochi e semplici click è ciò che ci fa essere studiati e osservati da esperti che ne sanno sicuramente molto più di noi. D'altra parte però, come avevo già accennato all'inizio di questo libro, le influenze sono pressochè inevitabili, e non servirebbe a nulla indignarsi, stare alla larga dai social, dalla tv, dai giornali, dalla radio, dalle librerie, dagli spettacoli teatrali, dalle persone.

Questo era ovviamente uno dei casi più estremi, ma alla fine il meccanismo di difesa è proprio questo, mi allontano. Proprio per questo motivo sarebbe anche più utile imparare ad apprendere quelle che sono le principali tecniche di manipolazione proprio per essere più pronti in un futuro prossimo e per capire come agiscono questi commercianti, questi politici, e quegli originari "medici del sapere" che sapevano perfettamente come dosare le loro erbe medicinali.

Siamo forse noi il prodotto? Ovviamente sì, ma se impariamo le tecniche, impareremo anche come difenderci e come riconoscere quelli che sono i meccanismi più diffusi, con il fine di farci andare a destra anche se inizialmente eravamo convintissimi di dover andare a sinistra. Le soluzioni ci sono eccome, si tratta semplicemente di aprire la mente e di provare a capire che nonostante tutto viviamo in una realtà di questo tipo, e sarà sempre più difficile allontanarci da ogni influenza pensando così di rimanere più puri e più coerenti con la propria individualità.

L'idea sarebbe quella di evitare di scappare per paura, imparando semplicemente a non farsi fregare da quegli strumenti che potrebbero essere più dannosi (sia psicologicamente che fisicamente) per l'individuo. Inoltre, si tratta di pochi e semplici consigli che potrebbero essere appresi davvero da chiunque, senza fare particolari sforzi, e dunque anche da questo nasce l'esigenza di mettere il disclaimer iniziale. Imparare alcune tra le tecniche più comuni di manipolazione mentale non ci rende sicuramente dei manipolatori in grado di danneggiare la psiche altrui con "pochi e semplici passi", non stiamo assolutamente parlando di quello.

Tuttavia, lo studio di questa disciplina ci porterà ad avere una maggiore forza emotiva e una maggiore consapevolezza. Torniamo però a parlare di manipolazione mentale includendo una cerchia molto più ampia di persone. Abbiamo detto che ciascuno di noi è influenzato dall'altro e che allo stesso tempo esercita influenze sull'altro. Dunque dove sta la differenza tra la realtà dei fatti e una manipolazione mentale più scientifica e più pericolosa? Dobbiamo sicuramente capire e accettare che quando parliamo di influenze nel significato più stretto, parliamo di giudizi che ci vengono presentati e che dovrebbero essere in noi fonte di riflessione per un cambiamento futuro.

Quando ci vengono posti questi giudizi, riflessioni, influenze, se si tratta di una persona a noi cara, fidata e vicina, raramente questi commenti saranno fatti a fin di male. Dunque ecco che incontriamo la prima grande differenza tra la realtà dei fatti e la manipolazione mentale più professionale e professionista. Le influenze avvengono generalmente a fin di bene, ti dico di cambiare quell'abito perché non ti dona, ti dico di cambiare paio di scarpe o acconciatura, ti propongo di venire con me al corso di pilates o di yoga perché potrebbe farti sentire meglio.

Tuttavia anche qui, la differenza principale la fa la forza emotiva dell'individuo. È normale cambiare e svilupparsi in meglio, seguendo anche alcuni consigli, ma bisognerebbe anche imparare a capire quando è necessario cambiare o se la persona intende proprio cambiare i nostri gusti al fine di cambiare proprio l'interezza e la totalità della nostra persona. Non sempre uno è consapevole di come si sta comportando e delle influenze negative che è in grado di esercitare sull'altro. Nella vita sarà sicuramente capitato a ciascuno di noi di ricevere un commento negativo o dispregiativo riguardante il nostro aspetto fisico o i nostri gusti. Pensate a quante persone si sono in seguito private di andare in giro con quella giacca, di tenere i capelli legati in un certo modo, di farsi o meno la barba, solamente perché qualcuno gliel'aveva fatto presente, e magari senza secondi fini.

Questo naturalmente accade e si verifica maggiormente negli individui più "deboli" a livello emotivo, che non sempre sono quelli che ci figuriamo nella nostra mente secondo gli stereotipi più diffusi, anzi, la maggior parte delle volte è persino il contrario. Per terminare, con questo ovviamente non si nega affatto di seguire le mode, di comprare qualcosa perché ce lo consiglia qualcuno o di ascoltare il noto influencer tanto adorato, ma si tratta semplicemente di capire più a fondo noi stessi, per essere in grado di decidere cosa effettivamente ci manca, di cosa abbiamo realmente bisogno, e cosa ci piace in quel momento senza basarci unicamente sulle numerosissime e possibili influenze esterne.

Naturalmente le influenze possono essere anche interne, possiamo diventare noi i manipolatori di noi stessi, evitando di comprare un costume perché pensiamo che il nostro corpo non sia adatto a quello del modello o della modella, pensando di non essere all'altezza di una determinata persona o di un appuntamento. Facciamo sempre attenzione al nostro bene prima di tutto, e proviamo a capire che ciò che diciamo a noi stessi e che pensiamo su noi stessi ha davvero importanza ed è in grado di fare la differenza. Noi siamo sempre abbastanza, e se un capo d'abbigliamento, un'acconciatura, un posto, un cibo, qualsiasi cosa ci piace, non dovremmo farci influenzare da nessuno prima di provarlo, naturalmente nei limiti consentiti dalla legge e dall'umanità.

Questo è dunque il mio pensiero, ma penso di aver lasciato un numero sufficiente di spunti che possono tranquillamente essere sviluppati individualmente da ciascuno di voi. Andremo successivamente ad analizzare la manipolazione nel campo prettamente lavorativo, e capiremo come si comportano le aziende e gli enti di marketing per vendere un prodotto e/o fare pressione sul singolo individuo ai fini dell'azienda.

Vedremo come funziona dall'esterno questo meccanismo e vedremo anche come e quando dovremo lasciarci travolgere da queste tecniche o quando potrebbe essere più pericoloso rischiando persino di danneggiare mentalmente o fisicamente l'individuo stesso. Sicuramente i campi del lavoro sono numerosissimi e diffusissimi, e potremo davvero spaziare dal piccolo negozietto del paese al mondo dell'e-commerce facendo poche e semplici distinzioni. Detto questo vi ripeto che comunque non stiamo parlando di qualcosa di eccessivamente pericoloso per il momento, e ripeto sempre di non allarmarvi troppo. Affronteremo nei dovuti tempi anche le vere pericolosità di queste tecniche, che verranno espresse chiaramente in modo tale da renderle note davvero a tutti con semplicità.

CAPITOLO 3: IN CHE AMBITI SI PUO' ADOTTARE LA MANIPOLAZIONE MENTALE E COME VIENE UTILIZZATA NEL MONDO DEL LAVORO

Molte persone non hanno tutti i torti nel chiedersi se effettivamente sia possibile controllare la mente, queste parole potrebbero sembrare le inutili promesse di qualche mago o stregone in grado di illudere chiunque sull'impossibile. Ovviamente non si tratta di ipnosi nel senso più ampio del termine, o nemmeno di strane tecniche che richiedono delle preparazioni ben specifiche.

Di certo, ciò che noi possiamo dire, è che sicuramente individui dalla personalità debole sono certamente più inclini a dipendere psicologicamente da altri, rischiano inoltre di cadere in balìa di quelle personalità più forti e carismatiche che potrebbero sovrastarli. La maggior parte delle volte si tratta di individui che si sentono diversi, che vanno alla ricerca di qualcuno come loro, e sentono la necessità di appartenere ad un gruppo, in questo modo si lasciano persuadere più facilmente e compiono delle azioni senza riflettere troppo nella speranza di trovare qualcuno che sia in grado di capirli realmente.

Tuttavia, come abbiamo già accennato, le tecniche di manipolazione mentale sono sicuramente più utilizzate e più sviluppate all'interno del mondo del lavoro, in alcune cerchie più ristrette del marketing e della comunicazione, ma essenziali nell'interezza del sistema aziendale di oggi. Dunque noi in questo capitolo ci occuperemo di analizzare gli ambiti in cui principalmente sono più diffusi e più frequenti questi meccanismi, per poi provare ad elencarne alcuni e presentarli.

Molti di noi potrebbero sicuramente scherzarci su, sottovalutare la questione e pensare in questo modo di esserne totalmente al sicuro e di non avere nulla a che vedere con tutti questi strani meccanismi. Tuttavia, come molti di voi già avranno capito, si tratta di tecniche che fanno ormai parte di ciascuno di noi, e che fanno davvero davvero pochissime eccezioni. Siamo tutti vittime del marketing e della comunicazione, ma lo siamo proprio perché noi stessi in primis siamo gli individui sociali più inclini a questo tipo di comportamento. Queste tecniche di manipolazione mentale nel campo del lavoro sono sempre più sviluppate e sempre più perfette, e proprio il fatto che noi ce ne sentiamo lontani e che proviamo a rinnegarle le rende ancora più perfette.

Lo scopo delle aziende è proprio quello di agire senza che il suo cliente se ne accorga, o comunque dovrà essere in grado di mandare dei segnali che siano il meno chiari possibili: a nessuno piacerebbe comprare un prodotto che si presenta proprio innecessario e inutile. Un prodotto vuole vendersi e deve vendersi inconsapevolmente, cercando di cogliere i punti deboli del suo cliente, e vedremo tra molto poco come effettivamente questo sia possibile. Ovviamente i modi e le tecniche possono essere davvero infinite e variano nell'efficacia anche in base al cliente, ma bisogna prestare attenzione al fatto che qualsiasi cosa è in grado di manipolarci, qualsiasi cosa che sia in grado di cogliere almeno uno dei nostri cinque sensi.

Per introdurre il concetto in maniera generale possiamo dire che: una notizia presentata in maniera molto rapida è in grado di produrre una sensazione di eccitamento nell'ascoltatore o in colui che la riceve; se invece il tono di voce utilizzato per pronunciare una determinata notizia è più ritmato e incalzante, potrebbe succedere di provare come reazione una sensazione di ansia mista a frustrazione; se infine il tono del messaggio è pronunciato da una voce più lenta e melodica, questo stesso messaggio provocherà in noi una sensazione di tranquillità e di sicurezza.

Dunque come abbiamo visto i principali canali di diffusione oggi sono sicuramente la tv, i media di diverso tipo, ma soprattutto i social. Ciò che a volte noi sottovalutiamo, sono questi strumenti secondari che potrebbero sembrarci irrilevanti: il tono della voce, il ritmo delle parole e i gesti che vengono effettuati, un certo tipo di pronuncia più o meno accentuata (magari più dialettale), un colore, un font per il linguaggio scritto. Non si tratta semplicemente di parole ripetute a macchinetta, o di frasi e immagini ipnotiche in grado di farci cambiare punto di vista. Stiamo parlando di meccanismi che oggi stanno alla base di moltissime aziende, e di meccanismi che sono in continuo sviluppo e in continua fase di sperimentazione.

Siamo noi il prodotto di questa mentalità aziendale che si sta sviluppando, noi potremmo sicuramente far parte del target di una determinata azienda, che ci sta dunque studiando per capire come promuovere al meglio il suo prodotto su di noi, che veniamo quindi colpiti nei nostri punti più deboli. In secondo luogo, possiamo dire anche che ogni tecnica ha sicuramente un effetto diverso in base allo stato d'animo della persona ricevente nel momento in cui guarda o ascolta il messaggio che gli viene indirizzato. Proprio per questo motivo i messaggi pubblicitari (ad esempio) adottano le tecniche precedentemente elencate, per far sì che tutti coloro che ricevano quel messaggio vengano in qualche modo ricondotti ad un certo tipo di sensazione o di stato emotivo particolare, al fine di conquistare il numero più elevato possibile di persone contemporaneamente.

Dunque, per tutti coloro che hanno delle buone o addirittura ottime capacità in questi ambiti, si può dire che questi meccanismi siano davvero in grado di fare la differenza per quanto riguarda "lo scontro" tra aziende in competition. Quando si vendono prodotti simili, o linee simili (ad esempio di abbigliamento, di dentifrici, di quaderni ecc ecc) questi meccanismi di manipolazione mentale sono davvero fondamentali e sono la maggior parte delle volte ciò che convince il cliente ad acquistare il prodotto da un determinato brand oppure da un competitor.

Dunque, come si fa dal punto di vista pratico a conquistare un cliente condizionandolo dal punto di vista analizzato in precedenza, e quindi attraverso uno stato d'animo? Sicuramente questa è una tra le possibili tecniche che vengono utilizzate oggi nelle principali aziende, e consiste per l'appunto nella capacità di trasferire al cliente un determinato tipo di sensazione o di stato d'animo. Una frase è particolarmente d'effetto se riferita a questa sfera del sapere: "Gli stati d'animo sono le uniche cose che comprano davvero le persone".

Perché infondo come avremo capito l'obiettivo è quello di fare leva sui punti deboli, sulle insicurezze e sulle instabilità dell'individuo, e non si potrebbe trovare nulla di più preciso delle emozioni.Molto spesso, le persone acquistano degli oggetti di marca, degli abiti di alta qualità o semplicemente degli accessori di alto livello non tanto per un aumento o un miglioramento delle funzionalità del prodotto stesso, quanto più per sentirsi parte di un'elite di persone, convinti magari di poter effettuare una sorta di ascesa in quella che è la scala sociale.

Ovviamente non è sempre così, ovviamente bisognerebbe andare a rapportare effettivamente la qualità e il prezzo di un prodotto, ma se parliamo di scarpe ad esempio, è normale avere in testa un numero davvero elevato di brand tra loro in competizione. E tenendo bene in mente questo esempio, cosa ci porta secondo voi ad acquistare proprio un determinato tipo di scarpe e non un altro? Perché preferire le scarpe di un brand senza nemmeno testare quelle di un altro?

Naturalmente, qui fa molto anche il mondo della moda, il mondo delle tendenze che è in continuo mutamento, così come anche il mondo del marketing di cui già stiamo parlando, ma analizziamo più in profondità come mai questo avviene. Molte volte questa differenza nasce proprio a partire dagli annunci pubblicitari o dai social media, potremmo vedere alla televisione un particolare atleta con quella marca di scarpe, un noto influencer atleta che decide di allenarsi proprio con quelle scarpe, e il tutto potrebbe essere accompagnato da semplici ed efficienti frasi ad effetto, che a quanto pare sono in grado di fare la differenza nel cliente.

Pensiamo alle catene di bar, di fast food, perché l'uno e non l'altro? Perché andare proprio nella catena internazionale? Prendiamo come esempio Starbucks, è una nota catena diffusa praticamente in tutto il mondo che ha messo piede a Milano per la prima volta proprio qualche anno fa, generando all'entrata delle code interminabili solamente per prendere un caffè o per assaporare una delle loro bevande che però sono reperibili praticamente in tutto il mondo. Sicuramente per noi cambia davvero poco bere un caffè in un normalissimo bar di nicchia, o berlo da Starbucks, per quanto effettivamente il sapore possa cambiare in meglio o in peggio, si tratta comunque di un caffè.

Il punto di svolta nasce nel momento in cui arriviamo a riconoscere che preferiamo Starbucks proprio perché non si tratta solo e unicamente di un caffè, ma magari siamo incuriositi dalla forma del bicchiere, dalla loro abitudine di scrivere il nome sulla bevanda e da quei nomi così internazionali e accattivanti. Non è altro che marketing, il loro logo, le loro "usanze" ti fanno sentire a casa da Starbucks in qualsiasi parte del mondo, e forse anche per questo motivo se ci troviamo in Giappone, molti di noi per non sbagliare preferiscono andare da Starbucks, è diventata ormai una nostra sicurezza, una garanzia, che però non è nient'altro che una strategia di marketing. Il problema di questo tipo di meccanismi, è che nascono proprio con l'idea di farti credere di avere dei problemi che in realtà non hai, presentandoti di conseguenza delle soluzioni (le loro) a questi presunti problemi, ed ecco che acquisti i loro prodotti e ti comporti come loro vorrebbero che tu facessi.

Nelle aziende, inoltre, sarebbe possibile fare un'ulteriore distinzione che servirebbe appunto a distanziare la manipolazione mentale dalle effettive tecniche di persuasione, che sono effettivamente quelle più utilizzate e sviluppate nel mondo del lavoro. Si possono sfruttare le conoscenze in entrambe le materie, ma si preferisce tenerle comunque distanti per evitare di confonderle e per riconoscere ulteriormente le differenze tra l'una e l'altra. Quando parliamo di tecniche di persuasione invece, parliamo di tecniche che sono apprendibili ancora più facilmente, e che permettono di persuadere il cliente senza doverlo necessariamente manipolare e di conseguenza condurre all'attuare determinati comportamenti a favore dell'azienda in questione.

La persuasione serve infatti a farti individuare un problema individuale che già hai, in modo tale da farti percepire il prodotto in vendita come unica soluzione al tuo problema, facendo nascere quindi nell'individuo la necessità e il bisogno di acquistare un determinato prodotto o un servizio più nello specifico. Dunque potremmo definirlo come un meccanismo praticamente privo di manipolazione, ma comunque molto persuasivo.

In questo caso infatti, si cerca di fare leva su un problema del cliente dal punto di vista individuale che molto spesso potrebbe essere ignorato o sottovalutato, in modo tale da farlo sentire incluso in una cerchia di persone che vivono con questo problema come lui, e presentando come unica soluzione il prodotto che alla fine è ciò che viene venduto dall'azienda stessa. Sembrerebbe una differenza minima agli occhi di coloro che non studiano o che non hanno molte competenze negli ambiti lavorativi del marketing e/o della comunicazione, ma per coloro che si ritengono più esperti, saranno sicuramente lampanti le differenze tra queste due discipline, che infondo non vengono mai accomunate ma vengono sempre presentate come piuttosto distanti l'una dall'altra.

Facciamo attenzione dunque a non fare confusione, in questo scritto noi ci limitiamo a discutere la manipolazione mentale in tutti i suoi aspetti, e finalmente nel capitolo successivo andremo ad analizzare in maniera più dettagliata quelle che sono le principali tecniche di manipolazione che sono presenti nella nostra realtà di tutti i giorni sia relativi alla sfera lavorativa, ma anche per quanto riguarda la sfera individuale.

Parleremo di alcune tra le più comuni tecniche che vengono attuate oggi, e proveremo a spiegarle semplicemente per permettere a tutti di capirle e di apprenderle al meglio possibile. Per quanto riguarda invece l'ambito lavorativo, abbiamo visto che possono essere plurime le tecniche da utilizzare, e che si naviga in un mare davvero vasto e infinito agli occhi di coloro che si approcciano leggendo questo libro a questi mondi così complessi. Nel prossimo capitolo infatti, proveremo ad addentrarci ulteriormente presentando esempi sempre più sintetici e chiari, con lo scopo unico di informare il lettore e di renderlo consapevole della presenza di questi concetti nella realtà di tutti i giorni.

CAPITOLO 4: PRINCIPALI TECNICHE DI MANIPOLAZIONE

Giungiamo finalmente alla parte più importante del libro probabilmente, ma anche a quella più difficile da realizzare, in quanto potrebbe risultare pericoloso e rischioso fornire questo tipo di informazioni al pubblico liberamente. Ciò che comunque c'è da dire, è che in ogni caso il numero di informazioni che troverete qua è sicuramente inferiore e impreciso rispetto a quello che viene concretamente utilizzato nelle aziende e che contribuisce allo studio e allo sviluppo di questa disciplina.

Dunque per rendere il tutto più chiaro, procederemo proprio per elenco e per spiegazione, in modo tale da rendere il discorso più fluido e più comprensibile, e potendo dare effettivamente un numero maggiore di informazioni in meno tempo. Ci tengo a ricordare che normalmente, le vittime di questi manipolatori sono gli individui più ingenui e fiduciosi, che dunque potrebbero accorgersi di essere state usate in questo modo solo in un secondo momento.

1. Generalmente si parte da un periodo di cali-

brazione. Questa fase corrisponde proprio al periodo di tempo che viene impiegato dal manipolatore mentale per studiare la sua vittima. Si tratta proprio di uno studio dei gesti, dei movimenti veri e propri, delle posizioni e della mimica stessa della persona che sta spiando.

2. A seguire, generalmente vi è il periodo di rispecchiamento. In cosa consiste? Dunque, in questo momento il manipolatore cerca di riprodurre effettivamente i gesti, i movimenti studiati inizialmente, per somigliare il più possibile alla sua vittima. Ci sono parecchi studi scientifici che dimostrano che quando una persona assume la stessa posizione o comunque lo stesso tono di voce del suo interlocutore si potrebbe creare un certo rapporto di simmetria con la persona stessa. Dunque perché questo faciliterebbe la missione del manipolatore mentale? Ciò accade principalmente perché questo tipo di comportamento potrebbe generare nell'altro una sorta di fiducia innata, che deriva dalla somiglianza con l'altra persona.

3. Quando parliamo di questa fase, invece, parliamo di ricalco. In questi periodi di tempo il manipolatore stesso inizierà a proporre nuove soluzioni e/o nuove modalità basandosi sulle sue osservazioni precedenti. Potrebbe inserire dei nuovi gesti,

una nuova mimica, dei nuovi comportamenti che lentamente lo porterebbero proprio dove lui vuole arrivare. Una delle tecniche più utilizzate è proprio questa, e ci suggerisce anche che spesso, per ottenere il totale controllo sulla sua vittima, potrebbe essere lui stesso il primo a dimostrare la fiducia nei confronti dell'altro. Egli deve infatti avere la piena certezza di essere seguito e ascoltato in quello che è il suo percorso, e ciò che quindi lo potrebbe portare a raggiungere i suoi fini. Deve accertarsi che la vittima stia effettivamente al passo con le sue modalità, e dunque è proprio in questi momenti che il manipolatore proverà a dimostrare la sua fiducia. Ma come avviene concretamente questo passaggio? Generalmente il manipolatore stesso si serve di frasi in grado di esprimere sentimenti positivi nei confronti del suo interlocutore, in modo tale da farlo sentire più tranquillo, più sereno o comunque apprezzato dalla persona con cui sta parlando in quel determinato momento. Queste frasi hanno quasi sempre l'obiettivo di rilassare la vittima, di farla sentire lontana dai pericoli e le permettono così di abbassare la guardia. Potrebbero essere frasi quali "se io mi fido di te, allora tu puoi fidarti di me" e simili. Si tratta di creare con la vittima un sentimento di reciprocità che dovrebbe es sere in grado di "legare" le due persone. In questo modo dunque, la relazione inizia a stabilirsi secondo i voleri del manipolatore mentale.

4. Questa fase, dunque, è la fase del rapporto. Dal momento in cui c'è uno stato di similitudine e di pseudo fiducia tra le due componenti del rapporto, allora in breve tempo si riuscirà anche a raggiungere quello stato di complicità che è necessario per il manipolatore. Egli infatti, in questa ultima fase, proverà in tutti i modi a guadagnarsi la totale fiducia della sua vittima, parlandole più spesso, facendo battute ed imparando anche a conoscere la persona che ha davanti. Saranno davvero parecchie le frasi amichevoli e gli apparenti complimenti che verranno posti alla vittima, perché come andremo ad approfondire più tardi, questo è uno dei metodi più usati per "conquistare" e manipolare le donne. È proprio questa inoltre, la fase in cui il manipolatore necessita di risultati, inizia a chiedersi se effettivamente è stato in grado di raggiungere il suo obiettivo, e per questo motivo, potrebbe chiedere per la prima volta alla vittima di provare la sua fiducia, facendole compiere delle azioni che richiedono la massima affidabilità.

Dunque come abbiamo visto si tratta di pochi passi

che però, legati tra di loro e compiuti nel modo corretto, sarebbero in grado di guadagnarsi ingiustamente e in modo inappropriato la mente e la fiducia di qualcuno. Ripeto che non bisognerebbe a mio avviso sottovalutare la questione, come avrete capito si inizia davvero dal nulla, da qualcosa che di base non esiste, e che finisce quasi sicuramente in un modo tragico ferendo fortemente l'emotività della persona.

Con questo non voglio nemmeno dire di stare eccessivamente cauti in ogni tipo di rapporto che avverrà nella vostra vita, ma intendo dire che sarebbe meglio fare attenzione nel momento in cui riuscite a rivedere qualcuno nella breve lista di azioni che abbiamo analizzato poco prima. In ogni caso, non è finita qui, questo era solo il primo degli elenchi che andrò a presentarvi oggi, perché come ho già detto è molto difficile reperire le informazioni più precise che sicuramente conoscono tutti coloro che appartengono agli ambiti lavorativi del marketing e della comunicazione. Ma io non mi fermo qui, proverò a presentarvi più esempi possibili per permettervi di capire meglio quali sono generalmente i metodi e le tematiche trattate che sarebbero in grado di manipolare qualcuno. Ricominciamo dunque presentando delle altre tecniche che abbiamo tralasciato in precedenza.

1° TECNICA DI PERSUASIONE: LOVE BOMBING

Quando parliamo di <u>LOVE BONBING</u>, infatti, parliamo di una sorta di bombardamento d'amore, che è apparentemente una delle tecniche più utilizzate nel campo della manipolazione e che avrebbe persino gli effetti più duraturi nel tempo. Dunque in che cosa consiste? Come molti di voi avranno capito, la fase iniziale sarà caratterizzata da continue lusinghe, complimenti, apprezzamenti e addirittura seduzioni, accompagnati da molti contatti corporei (quasi mai sessuali), carichi di affetto e di attenzione nei confronti della vittima.

Il manipolatore dunque sembrerà attratto da voi, quasi conquistato dalle vostre capacità e dalla vostra bellezza, conquistato praticamente da qualsiasi cosa in voi, e potrebbe approcciarsi ad un discorso parlandovi spesso riempendovi di baci, abbracci e gesti affettuosi. Se si tratta di un gruppo invece, tutti i componenti si comporteranno così con voi, bombardandovi proprio di attenzioni positive e di amore, in modo tale da farvi sentire accettato e a vostro agio. Ricordatevi che lo scopo principale di questi gruppi è quello di farvi sentire parte di loro, non più un individuo solo e diverso, e dunque proprio per questo motivo il fine cui loro vogliono arrivare, è quello di creare l'ambiente di famiglia.

Quindi per procedere, in una seconda fase all'interno di questa modalità di manipolazione mentale, sempre parlando di un gruppo specifico di persone, solamente una o due persone all'interno di quella famiglia (che probabilmente sono già ben inserite in quel gruppo stesso) si dedicheranno particolarmente a te, solamente a te, seguendo sempre le indicazioni di un leader che potresti non conoscere mai.

Questo sistema infatti, non è affatto un sistema casuale, ma prende il nome di sistema del compagno. Questo accade perché così, il nuovo arrivato (mi riferisco alla vittima) si sentirà in breve tempo accettato e parte integrante del gruppo. Ma come accade questo? Non ci si sente accettati da un momento all'altro, ma su basi scientifiche, l'individuo che sente la necessità di integrarsi in un gruppo inizierà ad imitare i gesti, i comportamenti ed i linguaggi corporei di tutti coloro che fanno parte di quel gruppo stesso, concedendo al leader o al manipolatore di controllare e gestire al meglio la situazione, per poterti poi condurre a compiere azioni contro la tua volontà.

2° TECNICA DI PERSUASIONE: AS-
SOCIAZIONE STIMOLO RISPOSTA

Per proseguire con la nostra lista di tecniche, possiamo anche presentare un'altra tra quelle più note comunemente, che identifichiamo con AS-SOCIAZIONE STIMOLO RISPOSTA. In questo caso, dovremo fare un riferimento ben più specifico alla scienza, parlando di uno scienziato addirittura da premio Nobel.

Egli infatti, nato in Russia, scelse di condurre degli esperimenti in particolar modo sui cani, scoprendo dunque il riflesso condizionato legato a questi stessi animali, che venne annunciato per la prima volta nel 1903. In cosa consistevano praticamente questi suoi esperimenti? Dunque, inizialmente egli decise di iniziare a cibare alcuni cani per pranzo precedendo sempre il momento del cibo vero e proprio suonando una campanella.

Gli animali, dopo aver colto questo segnale, ogni volta che sentivano il suono della campanella iniziavano a produrre un'intensa salivazione, come segno della loro fame e della digestione tipica dei cani associata alla fame stessa. Tuttavia, col tempo

Ivan Pavlov (lo scienziato Nobel in questione) decise di provare a suonare la campanella, senza però cibare i cani che normalmente ricevevano il pranzo. In questo modo, come ci si può ben aspettare, cambiava poco, e i cani comunque al suono della campanella continuavano a produrre quella salivazione tipica che abbiamo presentato appena prima. Con questo cosa si vuole dimostrare effettivamente? Pavlov in questo modo dimostrò che è possibile associare degli stati emotivi a delle situazioni che sono esterne e variabili. Dunque le condizioni fisiche variano in base a dei semplici stimoli esterni che sono letteralmente incondizionati da noi.

Con questo si dimostra inoltre ciò che viene chiamato riflesso incondizionato, ed è alla base dello sviluppo delle tecniche di condizionamento e manipolazione mentale. Quindi ovviamente questo meccanismo può essere facilmente traslato dai cani agli esseri umani. Non si tratta di nient'altro che abitudini, conseguenze che derivano da causa ed effetto che si bloccano nella nostra mente. Ad ogni azione di questo tipo dunque ne corrisponde un'altra di questo tipo qui. Ciò avviene nel mondo del lavoro facendo riferimento allo stipendio, o comunque potrebbe essere riapplicato secondo qualsiasi forma che preveda un "premio" ad un comportamento di un certo tipo.

Se dopo tre mesi di duro lavoro il tuo capo per tutti i tre mesi ti ha ringraziato portandoti una volta a cena fuori con gli altri colleghi, non è detto che questo avverrà sempre per tutti i mesi di duro lavoro che ci saranno in futuro. Dunque questo fa sì che la nostra mente inizi ad aspettarsi, ad attendere quasi queste conseguenze che però non sempre si verificheranno, o che magari andranno progressivamente a diminuire facendo sì che il nostro duro lavoro ci sarà sempre, senza però quella retribuzione che magari ci spronava ad andare avanti e ci faceva sentire più soddisfatti. Questo è comunque solo un esempio a livello lavorativo, ma può essere riapplicato davvero in ogni altro tipo di situazione abituale. Il manipolatore, seguendo questa tecnica, riesce a ricevere quello che voleva ottenere sin dall'inizio (in questo caso il duro lavoro dell'impiegato) senza però sentirsi progressivamente in dovere di apprezzare le capacità dell'uomo e di metterlo a proprio agio. Anzi, questa sottospecie di comportamento potrebbe portare degli ulteriori danni dal momento in cui l'individuo stesso continuerà a lavorare senza mai riuscire ad ottenere

nuovamente quelle soddisfazioni che lo pervade-
vano all'inizio.

3° TECNICA DI PERSUASIONE: PROCESSO DI APPRENDIMENTO

Continuando con la nostra lista di esempi, andiamo ad analizzare quello che viene chiamato PROCESSO DI APPRENDIMENTO. In questo esempio, andiamo ad affrontare un tema che potrebbe sembrarci così tanto banale, tanto che la maggior parte delle volte sfugge completamente dalla nostra attenzione. Torniamo a parlare dello scienziato che abbiamo nominato poco prima, ossia Pavlov.

Anche in questo caso, andiamo ad analizzare dei concetti che sono stati principalmente sviluppati da lui, che sono sinteticamente l'importanza del "rinforzo" in quanto stimolo positivo, e l'importanza della "dissuasione" come stimolo negativo. Dunque in questo caso non dovremo fare particolari premesse e non ci dilungheremo affatto. Per quanto riguarda questa tecnica, possiamo dire che non si allontana molto dal concetto di premio e di punizione.

Si può prendere come esempio un percorso lavorativo in cui ci si sforza molto per ottenere dei risultati ottenendo progressivamente sempre più responsabilità e potere, che però ti vengono tolti (dissuasione) con il tempo ad ogni minimo errore.

4° TECNICA DI PERSUASIONE: GROUPTHINK

Come quarto esempio nella successione di questo elenco, incontriamo una tecnica che ha preso il nome di GROUPTHINK, ossia pensiero di gruppo. Ovviamente questo è uno dei meccanismi che secondo me possono essere tutt'oggi tra i più attuali, e che nonostante tutti i cambiamenti sociali e geografici, rimarrà sempre nella top ten. in questi studi, viene dimostrata la capacità dei comportamenti, e delle opinioni di un gruppo di influenzare un individuo che magari è appena entrato a farne parte.

Gli individui infatti, sarebbero fortemente condizionati dalle opinioni del gruppo, nelle proprie percezioni e nei propri comportamenti abituali. Parliamo in questo caso di un'altra figura di spicco nel campo della psicologia, ossia Solomon Asch. Solomon Asch è uno psicologo sociale polacco, che ha dimostrato la validità di questa tecnica in particolare in uno studio del 1956 attraverso alcuni tra i suoi esperimenti.

L'esperimento in particolare a cui mi riferisco,

consisteva nell'includere alcuni soggetti all'interno di piccoli gruppi, in cui, dopo aver mostrato delle linee di grandezze differenti tra di loro, si chiedeva ai partecipanti quale tra esse corrispondesse ad esempio ad un metro (anche se la grandezza indicata poteva essere casuale o di qualsiasi altra numerazione). Come potrete immaginare, i membri del gruppo (che erano stati scelti e messi d'accordo in precedenza) pronunciavano all'unanimità una risposta evidentemente scorretta, e ben il 33% di partecipanti, si lasciava influenzare dalle risposte del gruppo, pronunciando anch'essi la stessa risposta sbagliata.

Questo ci fa riflettere parecchio e ci dimostra che infondo il nostro parere all'interno di un gruppo (che può anche essere la società stessa) ha importanza, e ha un'importanza notevole. Non lasciamoci influenzare e soprattutto non sottovalutiamo la questione influenzando gli altri. Certo, in questo caso si tratta di un esempio in cui l'individuo agisce involontariamente, e non vuole distanziarsi da quella che era l'opinione dei partecipanti all'interno del suo stesso gruppo, ma questo discorso può sicuramente essere riapplicato ad altri ambiti che quotidianamente ci fanno riflettere.

Pensiamo ad un gruppo di amici adolescenti, quante volte ci sarà capitato di sentire dei giudizi o di giudicare noi stessi il comportamento di un altro membro del nostro stesso gruppo. Sono cose che succedono, ma facciamo attenzione, perché molto spesso un singolo commento può rimanere impresso nella mente dell'individuo per molto molto tempo, portandolo così a cambiare le sue abitudini e magari a sentirsi insicuro. Ovviamente non si tratta di ordini, come al solito, ma solamente di consigli che potrebbero tornare utili se si vuole bene ad una persona. Un amico sarà sicuramente in grado di accettare un giudizio, e sarà in grado di capire quando un commento che gli viene riferito viene posto con serietà, oppure quando si tratta semplicemente di uno scherzo. Quello che voglio dire è di non fare leva sempre sugli elementi più deboli o più fragili emotivamente, o comunque non soffermiamoci troppo a giudicare degli aspetti di una persona che sono invariabili o che non dipendono dall'individuo stesso.

Provo a presentarvi degli esempi. Naturalmente è normale che se un mio amico si sta comportando male in una determinata situazione, è cosa buona da parte mia invitarlo a smettere o comunque provare a farlo riflettere. Se però si tratta di un commento riferito ad esempio ad una fronte troppo alta, ad una fisicità diversa, il mio invito è quello di non focalizzarsi troppo su questi temi anche se lo facciamo scherzosamente e non miriamo affatto alla manipolazione dell'individuo, si tratta comunque di commenti che potrebbero ferire e che potrebbero portare l'individuo a dei cambiamenti che magari precedentemente non pensava affatto di dover attuare.

5° TECNICA DI PERSUASIONE: OBBLIGHI FINANZIARI

Proveremo adesso a parlare di <u>OBBLIGHI FINAN-ZIARI.</u> Anche in questo caso ci possiamo riferire per una questione di comodità agli stessi gruppi citati precedentemente, o ad altri tipi di sette, che sono più indirizzate ad ambiti specifici e attuano molto spesso questo tipo di tecniche. Dal nome potrebbe sembrare chiaro ad alcuni di voi, ma sicuramente vi sarete fatti delle idee.

Molte sette o culti, generalmente creano negli adepti una sorta di dipendenza economica o provano ad indurre alla donazione di alcune proprietà, che possono essere sia immobili sia in denaro. Sembrerà strano ad alcuni di voi, ma vi assicuro che sono cose che succedono, e anche molto più spesso di quanto si possa pensare. In questi gruppi dunque, inizia ad essere naturale accettare gli stipendi anche ad uno, due, tre mesi di ritardo, che però col tempo divengono quattro, cinque, a volte persino sei mesi senza ricevere nulla.

Ovviamente, come si può pensare, alcuni di loro non riescono di certo ad andare avanti senza ricevere alcun tipo di stipendio nel giro di sei mesi, e dunque arrivano persino a chiedere al leader dei prestiti di denaro o di altro tipo, che vengono pesati come favori personali, arrivando persino a generare quel rapporto di dipendenza economica tra il leader e l'individuo stesso. Dal momento in cui è stato proprio il leader ad acconsentire a questi prestiti, l'individuo si sentirà in dovere di mostrare gratitudine e si sentirà in debito nei confronti del leader. Ma non finisce qui. Molto spesso, può succedere che quando i dipendenti non ricevono più alcun tipo si stipendio, gli venga detto che non ci sono più soldi, in modo tale da creare una nuova ideologia.

Se non ci sono più i soldi per gli stipendi, i dipendenti dovranno rinunciare a tutti gli stipendi precedenti non ancora incassati per maturare un nuovo status di socio lavoratore. Dunque con questo si intende rinunciare ad almeno sei mensilità e questo status viene venduto come una sorta di opportunità per diventare un futuro imprenditore. Questa stessa ideologia diverrà oggetto del groupthinking che abbiamo spiegato prima, e tutti coloro che non accetteranno verranno come conseguenza isolati dal gruppo.

Potrebbe sembrare una soluzione più immediata e più semplice per coloro che si trovano coinvolti in questo tipo di truffe, ma la maggior parte delle volte l'isolamento indebolisce la vittima notevolmente e la rende molto più vulnerabile agli attacchi di tipo mentale. Non si tratta di un allontanamento permanente della vittima dal gruppo, alla fine non è nient'altro che un modo per indebolire la vittima e danneggiarla ulteriormente e più facilmente in futuro.

6° TECNICA DI PERSUASIONE: CONTROLLO SOCIALE

Arriviamo progressivamente alla fine della nostra lista di esempi spiegati, e parleremo adesso di CONTROLLO SOCIALE. Sotto questo termine "ombrello", possiamo trovare tutte quelle forme di condizionamento che un gruppo potrebbe mettere in atto nei confronti degli individui stessi che lo compongono.

Anche in questo caso dunque, siamo in presenza di un gruppo di persone. Ricollegandoci dunque al discorso che abbiamo introdotto prima, l'individuo che sceglie di non adeguarsi alla nuova metodologia proposta, scegliendo di non rispettare tutti quegli obblighi finanziari che gli venivano imposti, viene quindi isolato. Non solo, questo stesso individuo viene ulteriormente privato di tutte le cariche e responsabilità acquisite col tempo all'interno del gruppo con tutti i rinforzi positivi, e secondo questo metodo, tutti gli avanzamenti ed i progressi che hanno costruito la carriera stessa della vittima, crollano in un colpo solo.

Ma continuiamo, perché non ci possiamo fermare

nemmeno in questo momento. La vittima stessa, oltre che subire tutte queste perdite e questi atteggiamenti derisori nei suoi confronti, viene persino privata dell'affetto del leader e allontanata dal gruppo, che ha già scelto di aderire alla nuova ideologia. La vittima viene infine costretta a continuare il lavoro in isolamento o in condizioni penalizzanti accompagnata da altre persone che come lei hanno scelto di non accettare la nuova proposta. Inoltre una volta al mese almeno, essa verrebbe inserita all'interno di una cerchia di persone che hanno aderito a quel tipo di metodologia, per ascoltare i concetti ed i modelli interpretativi che gli vengono esposti dai componenti del gruppo.

Dunque in questo caso siamo di fronte ad una situazione in cui non esistono più competenze o meritocrazia, l'individuo viene cancellato di tutti i suoi progressi e sforzi che ha dovuto compiere per costruire una sua carriera personale, e si sentirà obbligato ad accettare questa nuova ideologia per poter far parte del nuovo gruppo di eletti, se non vuole continuare il suo percorso in isolamento.

7° TECNICA DI PERSUASIONE: L'ETICHETTAMENTO

Per terminare, presentiamo l'ultima tecnica spiegata in modo così dettagliato, ossia l'<u>ETICHETTAMENTO</u>. È un altro tipo di metodo utilizzato al fine di ottenere una sorta di controllo sociale, ed è quello studiato ed analizzato dalle teorie dell'etichettamento. Ci troviamo di fronte ad una spiegazione che si presuppone essere un pelino più semplice rispetto alle altre. In questo caso, alcuni studi ci portano a definire che in ambito sociale, le persone siano più inclini a diventare ciò che vengono etichettate. Infatti, una volta definito l'individuo all'interno della grande e vasta scala sociale (ad esempio), egli si sentirebbe progressivamente forzato a comportarsi e col tempo a divenire sempre di più quel tipo di persona. Qui stiamo parlando dunque di un meccanismo che verrebbe utilizzato in particolare da tutti quei manipolatori che mirano a modificare la percezione di sé della loro stessa vittima. Se io infatti iniziassi a definire la mia vittima come "sottomessa", ella prima o poi riconoscerà quella parola come sua, e si riconoscerà essa stessa all'interno di questa denominazione. È un meccanismo che potrebbe fruttare molto se utilizzato nella maniera corretta, in quanto sarebbe in grado di modificare completamente la percezione di sé di una qualsiasi persona o di un qualsiasi soggetto in questione. Completiamo l'esempio tornando al concetto di obblighi finanziari. Dunque colui che non riuscirà ad accettare la nuova ideologia basata su nuovi obblighi in ambito finanziario verrà etichettato come antagonista, e l'antagonista pur avendo fortemente rifiutato e contrastato questi ideali, magicamente sarà l'unica ad ottenere lo stipendio in maniera regolare e puntuale. Ma come? Dopo tutto quello che abbiamo detto affrontiamo una conclusione simile? Non può essere! Invece è proprio così, ed ecco che si crea il paradosso. Perché questo accade? All'inizio ci sembrerà ingiusto, e soprattutto privo di senso, ma ecco che mi spiego. Così facendo, tutto l'odio di tutti gli altri partecipanti all'interno del gruppo si focalizzerà su questo unico individuo, che sarà anche costretto a subire una sorta di alienazione anche da parte dei suoi simili. A lui dunque, non rimane che abbandonare il gruppo.

Ecco che abbiamo terminato anche questo elenco molto dettagliato di esempi, accompagnati dalla loro spiegazione, ma come ho già detto, penso che questo debba essere un capitolo molto più fitto degli altri, e non me la sento ancora di terminare con gli esempi. Proprio per questo motivo, concluderò con altri esempi meno dettagliati di questi per fornire a voi lettori delle altre casistiche che potranno essere leggermente differenti, in modo tale da farvi avere una maggiore totalità del concetto, e quindi anche un maggior numero di informazioni.

Nonostante tutto, questi semplici esempi saranno sicuramente molto utili e alla base di tutti gli altri che affronteremo a breve, per questo motivo, accorcerò la spiegazione e aumenterò con il numero di esempi. Tuttavia, mi sento ancora di dover specificare che lascerò anche ampia parte ad una spiegazione sulla manipolazione nel mondo femminile, che avevo già accennato, in quanto ci tengo a presentare l'argomento e a rendere queste tecniche più note per tutte coloro che hanno sofferto queste manipolazioni, o per tutte coloro che magari le stanno subendo inconsciamente.

Nei prossimi capitoli, ci sarà anche una breve spiegazione su come limitare le manipolazioni, come allontanarsene senza rimanere fortemente danneggiati a livello emotivo, e come comportarsi in presenza di un manipolatore che siete stati in grado di riconoscere, spero che possano essere utili. Dunque per concludere, a seguire troverete un'altra breve lista di comportamenti tipici da manipolatore e di tecniche che vengono comunemente utilizzate da questi soggetti, semplicemente saranno accompagnati da spiegazioni e commenti più brevi rispetto a quelli appena analizzati.

Il manipolatore nasconde la sua aggressività, e non lascia trasparire le sue reali intenzioni. Questo punto è fondamentale perché la manipolazione possa avere successo. Normalmente vengono applicate due forme di mascheramento dell'aggressività: o attraverso forme passivo-aggressive (come il silenzio o l'ostilità indiretta) o forme di aggressività relazionale (che includono la distruzione dell'autostima della vittima o delle sue sicurezze). Il manipolatore dispone della capacità di individuare le debolezze delle sue vittime, ed è in grado, a partire da queste debolezze, di creare veri e propri schemi di manipolazione.

Insensibilità, mancanza di senso di colpa e distacco emotivo:

il manipolatore non ha remore a causare danno alla propria vittima, se questo è utile al suo obiettivo.

Autorità:

Si crede più facilmente a ciò che viene espresso da una fonte autorevole o da una figura di rilievo, dando per scontato che tali persone e/o istituzioni possano essere più fondate. Tali istituzioni o persone, tendono pertanto ad avere più potere persuasivo.

Simpatia:

Creando un legame di simpatia o di similitudine, riuscendo così a far sì che l'interlocutore si identifichi o prenda a cuore la situazione perché gli risulta molto vicino a sé, il manipolatore può influire nel cambio di visione o di atteggiamento nell'altro.

Come abbiamo già detto, molti di questi manipolatori sono insicuri e per questo "proiettano" i propri errori e le proprie mancanze sull'altra persona facendola sentire colpevole. In questa maniera, il manipolatore cerca di capovolgere la situazione a suo favore, in modo tale non solo da risultare vincitore all'interno della discussione ma anche di far stare male l'altro.

Una delle tecniche più utilizzate è quella di distorcere la realtà. Può accadere, per esempio, durante una discussione con il partner. La strategia del "gaslighting" si utilizza per destabilizzare e far dubitare l'altra persona e per farle credere che stia vivendo in una realtà immaginaria. Una delle frasi più utilizzate? «È tutto frutto della tua immaginazione».

Alcuni manipolatori sono piuttosto bravi con l'utilizzo delle parole. Creano una rete di frasi e di espressioni che ingabbiano e confondono la vittima. Utilizzano veri e propri monologhi, interrompendo l'altra persona, evitando che esprima la sua opinione e riuscendo ad avere il controllo all'interno della conversazione. In alternativa, il manipolatore può cercare di affibbiare parole che il suo interlocutore in realtà non ha mai pronunciato cercando di interpretare il suo pensiero in maniera distorta.

Quando il narcisista si rende conto che le sue tecniche non hanno l'effetto desiderato, può intraprendere due strade: insultare o stare in silenzio. Nel secondo caso, la vittima si sente invisibile e colpevole. L'obiettivo è quello di umiliare l'altra persona e di farla sentire male per non essersi sottomessa ai suoi desideri e alle sue tecniche di manipolazione.

Uno dei manipolatori più subdoli è senza dubbio chi si dimostra molto amichevole e buono con l'altra persona ma che in realtà indossa una maschera. Nonostante sembri capace di gioire con l'altro per i traguardi raggiunti, cerca sempre in maniera sottile di instillare il dubbio o di distruggere parte delle gioie conquistate.

Esaurimento:

un'altra pratica di manipolazione è quella di portare la persona all'esaurimento, cercando di condizionare e destruttura la sua mente.

Dipendenza:

le persone che tendono a soffrire di alcune forme di dipendenza, soprattutto quella emotiva, tendono a dipendere dagli altri e a essere sottomessi per il loro equilibrio emotivo. Per questo il manipolatore potrà influire facilmente su queste persone.

Solitudine:

anche la solitudine o la continua ricerca di approvazione da parte degli altri può far sì di essere facilmente manipolabili. Queste sono alcune caratteristiche generali che possono rendere vulnerabile una persona a tecniche di manipolazione.

Fonte: Guidapsicologi

Dopo aver finalmente presentato tutta questa casistica e aver approfondito più nel dettaglio alcune tra le tecniche più utilizzate dai manipolatori, mi sento di dover trattare uno dei temi più sottovalutati ma allo stesso tempo più importanti che riguardano lo scenario attuale della nostra quotidianità. Proveremo a parlare dunque della manipolazione psicologica che molto spesso avviene da parte del partner nei confronti della donna.

Naturalmente ci tengo a precisare che con questo non voglio affatto generalizzare dicendo che unicamente le donne vengono aggredite e manipolate all'interno di una relazione, ma mi sento di doverne parlare per sensibilizzare su questo tema e permettendo anche ad un numero elevato di donne di riconoscere queste situazioni come dannose, e magari di chiedere aiuto. Con questo ovviamente, voglio dire che anche se sei un uomo coinvolto in una relazione tossica di questo tipo, ti invito fortemente a parlarne con qualcuno, chiedere aiuto, o se riesci ad allontanarti dalla persona che in quel momento è dannosa per te. Mi riferirò più precisamente alle donne, ma solamente su una base matematica e statistica, che purtroppo ne vede ancora molte di loro colpite e coinvolte in questo tipo di relazioni e di comportamenti da parte del loro partner.

Con questo discorso, mi ricollego a quello che è il tema della violenza domestica e dei femminicidi, che sono dei REATI a tutti gli effetti. Si può denunciare e si può uscire da situazioni difficoltose di questo tipo, capisco benissimo che all'inizio non sembrerà affatto facile parlarne con qualcuno o persino pensare di fare denuncia, ma c'è sempre un punto di fondo che ci permette di ripartire. Proviamo a focalizzarci sulla nostra salute, sulla nostra vita che non termina per colpa di una persona che ci vuole usare.

Siamo tutti persone e siamo tutti abbastanza validi per andare alla ricerca del nostro benessere personale, non fermiamoci di fronte a questo ostacolo e non buttiamo tutta la vita per una persona che nemmeno ci vuole bene. Quando ci riferiamo alla violenza domestica in particolare, sappiamo che una delle tecniche più comuni è quella del brainwash process, comunemente conosciuto come lavaggio del cervello. Molti di noi ne avranno sicuramente già sentito parlare, ma sappiamo effettivamente di cosa si tratta e come viene messo in pratica all'interno del domicilio e dello stretto nucleo familiare? Generalmente, questa tecnica viene adottata seguendo circa cinque fasi, che possiamo distinguere in: isolamento, attacchi imprevedibili, false accuse, umiliazioni, minacce e ricompense occasionali. Questi comportamenti sono molto più frequenti di quanto si possa pensare, e purtroppo sono persino più crudeli di ciò che ci viene descritto.

Quasi sempre le vittime in questione vengono private della maggior parte dei contatti sociali, e vengono limitati i loro contatti persino con gli amici più stretti e con i familiari, rendendole sempre più fragili e più vulnerabili, e facendo sì che il loro manipolatore divenga l'unico punto di riferimento e l'unica fonte disponibile di sostegno emotivo e per l'autostima della compagna stessa. Questi soggetti (manipolatori) arrivano anche a minacciare personalmente tutti coloro che professano amore nei confronti della loro partner, e minacciano anche la partner stessa dimostrando dei comportamenti che si basano sulla paura e sul terrore, così da destabilizzare il partner e creare progressivamente una situazione di caos mentale.

Questo accade e non stupisce nemmeno troppo, perché il comportamento dei manipolatori mentali varia davvero costantemente, e si alternano momenti di estrema gioia e di apprezzamento nei confronti della propria donna, ad eventi di forte violenza e timore che spaventano letteralmente la vittima. Ella infatti arriverà ad una situazione in cui sarà semplicemente confusa, o non saprà bene a quali comportamenti dare retta e cosa prendere sul serio. Si tratta di momenti in cui la persona ci fa sentire amati e apprezzati realmente, al momento successivo in cui non sappiamo proprio cosa fare e come comportarci. Il problema sorge nel momento in cui la stessa vittima, dopo aver subito così tanti cambiamenti repentini, si sentirà ella stessa biasimevole e meritevole di questi continui attacchi e violenze.

Le cinque fasi che abbiamo analizzato prima, farebbero nascere nella mente della donna una sensazione di continuo allarme, che costringe la vittima a focalizzarsi principalmente sul come evitare ulteriori situazioni di irrequietezza da parte del partner, e dunque ulteriori violenze e aggressioni. Questo sta appunto alla base di tutto. Come fa la donna ad evitare determinati comportamenti che potrebbero stimolare l'ira del proprio compagno? Si comporta secondo degli schemi che conosce e che probabilmente gli vengono proposti dal manipolatore stesso, tramite ricatto o tramite giudizi posti in maniera irrispettosa.

Se ad una donna viene spesso contestato un comportamento che potrebbe generare questa risposta aggressiva, ella prima o poi sceglierà semplicemente di noi farlo, di limitare all'inizio un comportamento, che potrebbe sfociare però in un cambiamento generale di tutta la persona. Proprio per questi motivi, è sempre più difficile riuscire ad uscirne da queste situazioni in maniera individuale, perché queste donne, dopo aver subito il classico processo di lavaggio del cervello, arriverebbero persino a sentirsi in colpa e la maggior parte delle volte si limitano nel chiedere aiuto, spesso nemmeno lo fanno.

Sono dunque queste le tecniche e le metodologie principali utilizzate dai manipolatori, e per evitare di mandare il massaggio sbagliato, nei prossimi capitoli vedremo meglio come si può concretamente evitare di divenire vittime di questi strani soggetti. Un manipolatore può essere davvero chiunque, sarebbe sbagliato basarsi sui pregiudizi, sull'aspetto fisico o su altri preconcetti che abbiamo infissi nella nostra mente, un manipolatore mentale non ha bisogno di schemi, di regole da rispettare, di codici riguardo l'abbigliamento o i modi.

Bisogna sempre e comunque fare attenzione, perché spesso i più bravi manipolatori sono quelli che si mimetizzano meglio, e sono tutti quei soggetti che non saremmo mai potuti immaginare. Finisce sempre così, ma anche per questo motivo ho preferito parlare chiaramente nel descrivere le tecniche e le capacità dei manipolatori mentali.

CAPITOLO 5: DISCIPLINA MORALE O IMMORALE?

Ci terrei a riassumere un attimo ciò che abbiamo detto nel percorso dei primi capitoli di questo scritto, per andare effettivamente a fare una riflessione più profonda riguardante la moralità o meno di questa disciplina. La risposta potrebbe persino sembrare scontata, non è sempre così. Come sappiamo, non ha delle fondamenta proprio evidenti nel mondo della scienza e della psicologia, ma viene spesso attuata nell'ambito lavorativo del mondo del marketing e della comunicazione.

Quando invece andiamo a parlare della sfera privata, nei casi peggiori la manipolazione mentale porta addirittura alla distruzione dell'identità dell'individuo. La riflessione che vorrei fare in questo momento con voi si basa proprio su questi concetti. Naturalmente saremmo tutti d'accordo nel dire che è moralmente sbagliato violare i confini della psiche di un individuo per inculcargli determinati altri concetti, pensieri, gusti, azioni che non sono sue e che lui non farebbe mai.

Ma quando parliamo del mondo del lavoro, dobbiamo davvero pensarlo come un gesto immorale, o potremmo accettare lo svilupparsi delle cose in questi campi della comunicazione? Si tratta sempre e comunque di una riflessione personale che può variare da individuo ad individuo, ma si possono certamente trovare dei punti in comune per sviluppare insieme questo dibattito virtuale e per provocare un certo tipo di riflessione e di pensiero. Anche questo stesso dibattito adesso potrebbe essere visto come manipolazione, sicuramente dalla mia scrittura sarà facile estrapolare qualche punto in cui il mio pensiero fuoriesce in maniera molto evidente.

Qualsiasi strumento, qualsiasi media, anche la lettura di un libro potrebbe portare ad un condizionamento. Certo, anche in questo caso non parliamo di manipolazione mentale vera e propria, ma sarebbe comunque un buon esempio per esprimere il concetto. Naturalmente in questo caso non ci riferiamo a quei casi particolarmente gravi in cui un individuo entra a far parte di una setta o di un culto ben più articolato, ci asteniamo anche dal parlare di violenza domestica o di relazioni particolarmente tossiche che si basano sull'abuso dell'altra persona. In questo momento la nostra riflessione dovrebbe basarsi quasi esclusivamente su quelle tecniche di manipolazione mentale che vengono applicate in maniera più generale nelle aziende, e che magari avvengono anche in maniera involontaria da parte di un individuo nei confronti di un altro.

Molto spesso ci può sembrare di essere condizionati da un gruppo di persone, magari anche dalla società stessa, a volte potremmo sentirci influenzati e manipolati anche da una persona che consideravamo un nostro amico stretto, un parente, o amici di amici. Questo naturalmente può succedere eccome, e non è affatto uno scenario surreale o basato sulla finzione. Come già sappiamo siamo tutti un po' manipolatori, sia nei confronti degli altri ma anche nei confronti di noi stessi, bisognerebbe avere le capacità di distinguere quando una manipolazione possa essere considerata morale, e quando invece la situazione è più grave di quanto si possa pensare.

Non voglio introdurre adesso le soluzioni e le tecniche per sfuggire a questo tipo di persone e di comportamenti, dato che ne parleremo proprio nel capitolo successivo, ma c'è da dire che il nostro discorso dovrebbe continuare ancora per un pò sulla linea di quella riflessione che abbiamo presentato in precedenza. In questo caso, secondo me, dovremmo proprio introdurre il discorso facendo dei semplici riferimenti alla concezione di individualità dell'uomo. Sì, infondo siamo tutti uguali, ma siamo fortunati anche ad essere tutti fortemente diversi.

Dunque l'individuo è propriamente una persona delineata e distinta proprio grazie alle sue credenze, ai suoi comportamenti, alle sue personalissime emozioni, ai suoi pensieri e ai modi che lui singolo individuo ha di apportarsi alle diverse situazioni nel mondo. Dunque è vero che siamo tutti uguali, ma la manipolazione andrebbe proprio a limitare quelli che sono gli aspetti di cui abbiamo appena parlato. Per non citare poi le manipolazioni di massa, che sotto certi aspetti sono persino peggio. A mio parere quindi, la manipolazione mentale non è altro che uno strumento potentissimo, che può essere gestito individualmente dagli enti che ne fanno uso (quindi dalle aziende o dall'individuo stesso) e può sicuramente andare incontro a diverse fasi di gravità e pericolosità. Questo vale sia per quanto riguarda le aziende, che la persona privata. La manipolazione mentale è dunque un modo per arrivare al cliente e/o alla vittima, ma bisognerebbe sempre prestare una particolare attenzione a non violare concretamente quelli che sono i valori del singolo e l'identità che è parte integrante della persona.

Ciò che voglio dire è che probabilmente non riusciremo più ad allontanarci da quella realtà commerciale e da quelle tecniche che vengono utilizzate per accalappiare il cliente, ma d'altra parte è giusto che sia così. Per questo dico che spesso, la manipolazione mentale in ambito lavorativo non è altro che una forma più lieve di manipolazione, che potrebbe basarsi semplicemente sulla persuasione e su condizionamenti di altro tipo, come effettivamente avviene.

Ma detto questo, anche gli enti maggiori e le aziende dovrebbero valutare e studiare più a fondo quando queste tecniche di manipolazione mentale possono risultare dannose per uno o più individui, tenendo conto anche delle fragilità emotive del periodo. È normale che un'azienda faccia leva sui punti deboli dei suoi clienti che rispettano il target aziendale, ma a mio parere questa non è una giustificazione per comprare l'identità. Bisognerebbe dunque imparare a distinguere quando un'azienda vuole comprare un cliente, e quando invece vuole comprare l'identità del cliente stesso, cosa che a mio parere sarebbe fortemente ingiusta.

Personalmente, lo ripeto, non posso scendere più nel dettaglio per quanto riguarda l'ambito lavorativo, che non conosco abbastanza a fondo per poterne parlare dall'interno, ma quello che ne esce da questa mia riflessione è proprio questo. Le aziende non sbagliano, e non possono sbagliare nei contesti di una simile realtà. Non si può limitare l'azione aziendale di manipolazione mentale proprio perché probabilmente questa sarebbe una delle forme più regolamentate e più seguite in tutti i sensi. Naturalmente in ambito lavorativo non si può agire individualmente, si è obbligati a seguire delle regole e dei protocolli che vengono anch'essi studiati e ristudiati, e che vengono anche approvati da altri enti.

Sarebbe dunque scorretto limitare questo da parte delle aziende, per permettere poi a tutti i privati, a tutti i blogger, gli influencer, ai leader dei gruppi di agire in questo modo senza protocolli. La manipolazione mentale è sotto molti aspetti inevitabile, ma le forme più dannose sono quelle che colpiscono nel profondo l'individuo, lo privano della sua identità e lo costringono con metodi inumani a compiere azioni che non sarebbero mai state compiute da loro se non fossero state adottate queste tecniche su di lui. Dunque da qui nasce la riflessione sulla moralità o meno della manipolazione mentale.

Probabilmente certi aspetti di questa disciplina non sono del tutto evitabili, ma dall'altra parte dovremmo prestare attenzione e capire quando un ente o un individuo cerca di violare la nostra identità, in modo tale da poterci allontanare e seguire quelle tecniche e quei consigli che vi presenterò in seguito.

Non dobbiamo tenerci sempre allarmati, certe volte può succedere di sentirci un po' troppo presi in causa, ma dobbiamo imparare a capire quando rischiamo di essere danneggiati emotivamente o fisicamente, per poi capire come comportarci. Le aziende generalmente non vogliono fare del male al cliente, anzi, vogliono convincerlo semplicemente a comprare il loro prodotto e sono quasi costretti ad utilizzare tutti gli strumenti necessari per compiere il loro lavoro. Facciamo molta attenzione, quando pensiamo che un determinato tipo di comportamento stia violando la nostra interiorità, facciamo sempre un passo indietro, e analizziamo bene la situazione. Dunque per concludere, si tratta di una disciplina morale o immorale?

Di certo non sono qui per imporre il mio modo di pensare, e trovo che sia più giusto e più sensato lasciare la domanda libera per tutti come fonte di riflessioni future, io penso di aver esposto nel miglior modo possibile gli spunti da cui trarre ispirazione, e anche un buon numero di informazioni generali da cui poter partire. Quella della moralità è sicuramente una tematica molto difficile da argomentare e da stabilire, sicuramente in molte occasioni non si riescono a distinguere concretamente i limiti tra ciò che è morale e ciò che non lo è, e probabilmente questa è una di quelle situazioni. Detto questo, abbiamo quasi concluso con la teoria, nel prossimo capitolo andremo ad analizzare molto brevemente le caratteristiche della manipolazione mentale in quanto scienza, per poi dedicarci più nei dettagli alla difesa personale, che trovo sia uno dei temi più importanti.

Ci focalizzeremo principalmente su un'analisi più oggettiva e più scientifica della manipolazione mentale, proprio perché a mio parere abbiamo già fornito un numero di informazioni e di esempi necessari per capire come effettivamente questa disciplina si evolve nella vita delle persone. Sarà un capitolo più breve e più sintetico di quelli analizzati e scritti precedentemente, proprio perché preferisco focalizzare la mia attenzione sui temi che affronteremo subito dopo. Non voglio annoiare troppo con questo trattato sulla manipolazione mentale, e preferisco tenermi lontana da quei temi oggettivi e scientifici, valorizzando invece l'individualità, e gli esempi pratici, che secondo me possono essere più utili.

CAPITOLO 6: LA MANIPOLAZIONE MENTALE COME SCIENZA

In questo capitolo, che come ho già accennato sarà piuttosto breve, ci tendo a sottolineare quella che è la differenza tra l'influenza sociale e la manipolazione mentale, che infondo sono due tematiche che spesso possono essere confuse. Come potrete facilmente immaginare, quando si parla di influenza sociale, si fa riferimento ad un tipo di comportamento o condizionamento, che non necessariamente possiede o deve possedere delle connotazioni negative.

In poche parole, è semplicemente questa la differenza che c'è tra questo tipo di comportamento e la manipolazione mentale vera e propria. Quando si parla di manipolazione infatti, si parla più spesso di comportamenti che vanno a danneggiare o comunque ad indebolire l'individuo a cui ci riferiamo. Tornando dunque all'influenza sociale, non necessariamente si tratta di un comportamento che potrebbe provocare dei danni psicologici o fisici nell'individuo.

Prendiamo come esempio i medici, un medico curante di base sicuramente prima o poi ti incoraggerà a prendere dei farmaci, ti inviterà a seguire uno stile di vita sano, un'alimentazione adeguata, un esercizio fisico piuttosto costante, ma non per questo motivo ti sta manipolando. L'influenza sociale, molto spesso può essere fonte di riflessione e di crescita per un individuo che magari regolarmente assume dei comportamenti diversi, o meno sociali. Ci tengo a precisare che questa non è assolutamente la condanna della diversità, ma che anzi si tratta di un modo per crescere e apprendere sempre di più dagli altri.

Anzi, molto spesso l'influenza sociale stessa assume delle connotazioni fortemente positive, in quanto sarebbe in grado di lasciare la libertà di scelta all'individuo che sceglie per l'appunto se accettare o rifiutare gli schemi ed i comportamenti che gli vengono proposti. Non viene privato di un'identità, non viene isolato dal gruppo o dalla società stessa, non viene esaminato e studiato con dei secondi fini. L'uomo nasce per far parte della società, e dunque nasce anche per giudicare ed essere giudicato.

Non per questo dobbiamo fermarci, o isolarci noi stessi, dovremmo anzi imparare a crescere dai nostri errori imparando anche a fortificare il nostro aspetto emotivo, che magari può essere d'impiccio quando si trattano queste tematiche. Essere emotivi non c'entra in questo caso, i nostri sentimenti dovrebbero essere sempre esaltati a prescindere e mai nascosti. Il discorso però è un altro, dovremmo imparare proprio a mostrare questi nostri sentimenti e a difenderli, a renderli più forti e custodirli come se fossero il nostro tesoro più prezioso. Come avrete capito i sentimenti e le emozioni sono i primi tratti della nostra individualità ad essere colpiti, e noi col tempo e con tanta pazienza dobbiamo imparare a mostrarli al mondo senza però permettere a nessuno di danneggiarli. Detto questo, mi sento di aver detto abbastanza a riguardo, e preferisco dedicarmi finalmente a dei consigli e a delle tecniche realmente utili e concrete che possano essere in grado di aiutare ciascuno di voi, e di noi.

CAPITOLO 7: COME DIFENDERSI DALLA MANIPOLAZIONE MENTALE

Arriviamo finalmente al momento tanto atteso. In questo e ultimo capitolo, andrò a presentare alcuni consigli e comportamenti da attuare per difendersi dai manipolatori e dalle situazioni manipolatorie di influenze fortemente negative. In ogni caso, consiglio di chiedere sempre aiuto a persone esterne, sia se state attualmente vivendo una situazione di questo tipo, sia che conoscete qualcuno che la sta vivendo al posto vostro, e sia se pensate di potervi trovare in questa situazione in un futuro prossimo.

Un consiglio che vi posso dare è fatelo al prima possibile, vi posso assicurare che più si va avanti e peggio è, sia per voi che per il vostro manipolatore /partner /influenza negativa. Ma andiamo effettivamente ad analizzare il concetto affrontando le tematiche da un punto di vista pratico. Come si fa a difendersi dalla manipolazione mentale? Sicuramente, il consiglio iniziale è quello di tenere ben presente tutte le informazioni che ti sono state fornite all'inizio di questo libro.

Dunque fai bene attenzione a tutte quelle tecniche

di rispecchiamento che generalmente i manipolatori attuano per entrare in contatto con la vittima. Prestando sempre attenzione ai comportamenti di coloro che ti stanno attorno, prima o poi riuscirai a notare effettivamente quando una persona ha degli obiettivi e/o dei fini errati o immorali. In questo caso ovviamente non parlo solo ed unicamente dei manipolatori, ma anche di tutte quelle persone false e meschine che potresti riconoscere o che fanno già parte della tua quotidianità.

In secondo luogo, naturalmente, impara ad ascoltarti, a conoscere il tuo corpo che manda e manderà sempre dei segnali, impara a notarli. Ricordati sempre che le viscere sono parte integrante della nostra persona, e spesso possono rivelarsi essere persino un secondo intestino. Sono effettivamente organi ricchi di cellule nervose e sono particolarmente sensibili alle diverse situazioni ed emozioni che proviamo. Il nostro corpo è e sarà sempre un tutt'uno di mente e corpo effettivo, non focalizziamoci unicamente su uno o sull'altro, dato che sono effettivamente molto più uniti di quanto si possa pensare.

Se dunque senti qualcosa di sbagliato dentro di te, se senti che non dovresti comportarti in una determinata maniera o che non dovresti seguire ed ascoltare quella determinata persona che conosci, impara a non sopprimere quelle emozioni e sensazioni, ma focalizzati su di loro e vai a fondo. C'è quasi sempre una ragione in grado di spiegare dei comportamenti che avvengono internamente ed esternamente. Chiediti perché senti quella determinata emozione, perché vuoi scappare da quel posto o perché non ti senti al sicuro con una persona, e risolvere il problema sarà progressivamente più facile. Per arrivare al punto della situazione, se ti senti manipolato o manipolata, la soluzione migliore è quella di allontanarsi subito, per pensare poi in un secondo momento a come risolvere la situazione. Non lasciarti influenzare subito, non lasciarti manipolare da nessuno, nemmeno dalle persone che conosci meglio e che ti stanno più vicine.

Preoccupati di una cosa alla volta, ma fallo solo dopo esserti allontanato a dovere dalla persona che ti ha fatto generare questi dubbi e questi pensieri nei suoi confronti. Per continuare con questi consigli, posso dirti che sarebbe di grande aiuto imparare ad ascoltare e a capire i propri pensieri e i propri meccanismi mentali. Come fare? Uno dei comportamenti più attuati in tutte le parti del mondo praticamente, è la meditazione.

La meditazione è sicuramente uno dei modi migliori per capire cosa sta dentro di te, per analizzare ciò che provi e come ti senti, e persino per capire la tua mente e il modo in cui funziona. Ci sono sicuramente infinite tecniche di manipolazione reperibili in rete, io vi fornirò dei semplici consigli su come iniziare, proprio per introdurvi a questo mondo, ma ripeto che quando si parla di meditazione non esiste giusto e sbagliato, sarete voi a trovare ciò che più funziona su di voi e ciò che è in grado di aiutarvi concretamente. Dunque, come si può iniziare a meditare se non lo si è mai fatto? Si può iniziare ad esempio la mattina appena svegli, al posto di alzarsi subito o di rimanere a sonnecchiare, si può scegliere di prendersi 5 o di 10 minuti da dedicare unicamente a voi stessi.

Provate ad iniziare sedendovi in una posizione comoda, su una sedia, sul letto o sul divano fa poca differenza. Alcuni preferiscono impostare un timer per evitare di perdere troppo tempo, ma puoi anche scegliere di non impostarlo e di gestire le tue sensazioni individualmente. Concentrati sul tuo respiro, prova a focalizzarti sui movimenti compiuti dal tuo corpo, dall'aria che esce e che entra, dalla dilatazione e della contrazione dei vari muscoli. È normale distrarsi, potresti ritrovarti prima o poi a pensare ad altro, ma visualizza il pensiero, analizzalo come se fosse una nuvoletta, e vedilo andare via.

Al termine dei cinque minuti, prenditi del tempo per tornare alla tua situazione abitudinaria e riprendi lentamente alzandoti con calma, muovendo lentamente le tue estremità del corpo, e prenditi del tempo per tornare a goderti la sensazione di esserti connesso con il tuo corpo. Continuando con i consigli, prova ad analizzare la stessa situazione da punti di vista differenti, prova a rivivere i momenti dall'esterno, analizzando effettivamente ciò che accade e provando a limitare i tuoi personali coinvolgimenti emotivi.

Prova a pensare di assistere alla stessa scena ma dal punto di vista di un estraneo, come ti comporteresti? Cosa faresti per cambiare quella determinata situazione? Di sicuro, agendo in questo modo riuscirai a notare degli altri particolari che magari ti erano sfuggiti precedentemente, e potresti anche accorgerti di altri dettagli a cui non avevate fatto caso. Inoltre, per concludere, accetta di sbagliare, come tutti gli esseri umani dobbiamo accettare di non essere perfetti, possiamo tutti essere colpiti da questi comportamenti e possiamo tutti essere manipolati prima o poi nella nostra vita. Sono comportamenti che si possono superare, nonostante le ferite a livello emotivo possano rimanere, andate avanti. Non giudicarti negativamente, ma prova a trarne un insegnamento.

Impariamo a riconoscere quei segnali che potrebbero metterci in guardia:

1. rilevare contraddizioni o incoerenze tra ciò che l'altro dice e ciò che fa nei nostri confronti

2. sentirsi "costretti" o "pressati" a fare qualcosa o a comportarsi in un certo modo senza che vi siano evidenti elementi di costrizione oggettiva

3. essere oggetto di osservazioni che ci turbano o feriscono

Questi segnali dipendono tutti da una modalità sempre presente nel comportamento manipolativo: la presenza di critiche più o meno mascherate rivolte non a specifici comportamenti o opinioni, ma agli altri in quanto persone.

1. Esprimi ciò che disapprovi e come ti senti

Una delle tecniche di manipolazione si incentra sulla critica. Quando critichiamo i comportamenti, le attitudini, le decisioni e le capacità di una persona, normalmente questa si sente meno sicura ed è più propensa ad accettare le esigenze del manipolatore. In altri casi, la persona adotta un'attitudine difensiva, quasi aggressiva, io direi diretta a contrastare tutti gli argomenti che la infastidiscono. Nel primo caso la manipolazione si realizza a partire dalla gestione della nostra autostima, nel secondo caso a partire dal controllo delle nostre emozioni. In una forma o l'altra, restiamo alla mercè del manipolatore. Che fare?

Esprimere le nostre idee in modo chiaro e semplice. È imprescindibile che l'altra persona si dia conto che non potrà influenzare il nostro giudizio o la capacità riflessiva partendo dalla manipolazione della nostra autostima o delle nostre emozioni. Controbattere aggressivamente gli argomenti dell'altro, che molte volte non hanno un fondamento solido, porterebbe solo ad una discussione inutile ed all'impossibilità di intendersi.

Dovremo sempre tenere presente che il nostro obiettivo non è semplicemente "non lasciarci manipolare per nessuna ragione al mondo" ma quello di modificare la situazione. Perchè questo obiettivo? Perchè sicuramente la persona che tenterà di manipolarci è una persona importante per noi e noi saremo quindi interessati a giungere ad un accordo vantaggioso, sia per mantenere una buona relazione personale o per sviluppare un'attività insieme. Così, è essenziale che il nostro messaggio non solo sia comprensibile ma che inoltre sia ricevuto dal nostro interlocutore con la minore resistenza possibile. Ricordiamoci inoltre che esprimere come ci sentiamo in merito a qualcosa o a qualcuno è una tecnica altamente efficace, sempre che sia messa in atto in modo corretto e nel rispetto dell'altro.

Quando il nostro interlocutore ci ascolta parlare dei nostri stati d'animo avrà la percezione che la comunicazione fluisce, è aperta e sincera. Inoltre, lo "obbligheremo" a mettersi nei nostri panni, ad essere empatico con ciò che proviamo così probabilmente rifletterà sugli effetti del suo comportamento da manipolatore.

2.   Esprimersi in prima persona

In molte occasioni il manipolatore porta la conversazione in terra di nessuno, fa critiche senza personalizzare, da una posizione non compromessa; lasciando sempre una via di fuga nel caso che qualcuno gli chieda a chi si riferisce. La migliore difesa contro questa strategia comunicativa è quella di personalizzare, personalizzare, personalizzare... Parlare sempre in prima persona e chiedere chiarimenti.

3. Delimita le responsabilità e accetta i tuoi errori

Un'altra delle tecniche manipolatrici per eccellenza è quella di fare sentire in colpa la persona, fargli sentire la responsabilità di tutto ciò che è accaduto, quello che succede e che accadrà. In alcune occasioni abbiamo una certa parte di responsabilità ma la nostra quota di "colpa" non è infinita. Una strategia molto efficace è quella di delimitare le nostre responsabilità e riconoscere i nostri errori. Abbiamo diritto a sbagliare ma nessuno ha il diritto di approfittarne e lacerare la nostra autostima perchè abbiamo commesso un errore. Riconoscere le nostre difficoltà e la nostra parte di responsabilità indica che siamo persone mature, responsabili delle nostre azioni, e quindi poco manipolabili.

4.   Esprimiti con fermezza, serenità e fiducia

Abbiamo già detto che una delle armi preferite del manipolatore è quella di giocare con le emozioni. Per questo motivo è imprescindibile stabilire il dialogo da una posizione di fiducia, ferma e serena. Dobbiamo tenere sempre presente che al manipolatore non interessa iniziare un dibattito costruttivo ma solamente raggiungere i suoi obiettivi, per questo motivo se gli offriamo alcuni argomenti logici che contraddicono le sue idee, probabilmente prenderà le nostre opinioni e le riutilizzerà secondo i sui interessi. Ricordiamo sempre che anche la miglior idea si può vedere in una prospettiva diversa e il manipolatore è molto abile nel giocare con le diverse possibilità. Quindi...che fare? Riconoscere che le sue idee sono valide, non le criticate, anzi meglio, utilizzate frasi come: "comprendo il tuo punto di vista e lo rispetto; nonostante credo che..." oppure: "il tuo punto di vista è adeguato; ma anche così esiste sempre la possibilità che...". In questo modo si inserisce un modello nella conversazione: rispettando le opinioni altrui, dando valore alle sue idee conferiremo per contro anche valore alle nostre. Gli esperti di programmazione neurolinguistica (PNL) consigliano inoltre di sostituire il fastidioso "ma…" con parole come: tuttavia, comunque, nonostante…che risultano meno dure e vengono accettate meglio. Assumere questa strategia, anche se non è totalmente infallibile, senza dubbio ci aiuterà a controllare le nostre emozioni e offrire di noi un'immagine più serena.

5.   Sentitevi liberi di negarvi

Se abbiamo basi solide e sufficienti contro l'idea che ci viene proposta, allora… negarsi non sarà un peccato. Però, non dovremo perderci in scuse banali o spiegazioni auto-incolpanti. Esprimere il nostro disaccordo è un diritto che ci permette di stabilire i nostri limiti ed evidenziare gli stessi di fronte alle persone che ci stanno intorno. Accettare le richieste altrui per evitare una discussione molte volte implica il rinunciare ad una parte della nostra individualità e cedere di fronte alla manipolazione. Così basta essere coerenti e dire: "No", tutte le volte che sia necessario. Decidere di combattere un manipolatore non ci porta su di un sentiero semplice da percorrere, incontreremo molti ostacoli. Molte volte questo implica il rinunciare alle posizioni comode che abbiamo assunto per tutta la durata della nostra vita, che sia nell'ambiente familiare o sul lavoro, ma senza dubbio ci permetterà di essere più coerenti con noi stessi e ci renderà più facile trovare la via per trovare il nostro equilibrio emotivo.

Fonti: Angolo della psicologia

CAPITOLO 8: CONCLUSIONI
E RIFLESSIONI

Siamo finalmente giunti al termine di questo trattato sulla manipolazione mentale, e dovrete scusarmi, ma non potevo non rifarmi a delle fonti certificate dal momento in cui non posso io in prima persona dare dei consigli riguardo la psicologia senza aver terminato e/o affrontato degli studi ben precisi riguardo questi argomenti.

Ci tenevo a precisare questa cosa al termine del libro, proprio perché ho imparato a conoscere il mondo della manipolazione sempre più a fondo, e ho trasmesso con le mie parole e il mio stile tutti i contenuti di questo trattato. Ho preferito rifarmi a delle fonti più precise per trattare gli esempi pratici proprio perché pensavo che sarebbe stato meglio dei consigli formulati da studiosi e da psicologi, piuttosto che da me in prima persona.

Spero di aver trasmesso i giusti valori e di aver informato tutti voi nel modo più corretto sulla pericolosità ma anche sulla moralità di questa disciplina. Abbiamo capito come le tecniche di manipolazione possano essere utilizzate nel mondo del lavoro, e come invece facciano leva sugli elementi più deboli del gruppo per trarne dei fini personali. Abbiamo concluso mostrando come effettivamente ci si possa difendere da questi individui, ed ora siamo arrivati al termine del nostro percorso. La manipolazione mentale esiste, è in molti ambiti e in molte realtà della nostra vita e spesso nemmeno ce ne rendiamo conto, ma come ormai avrete capito non voglio che questo scritto possa essere altra fonte di manipolazione e di influenza. Tuttavia, non nego che uno degli obiettivi di questo libro è sicuramente la riflessione individuale sulle tematiche che abbiamo presentato fino ad adesso. Dunque io non dirò la mia in modo così esplicito, ma spetta a voi giudicare la questione in base alle vostre conoscenze e ai vostri saperi personali, io spero semplicemente di aver fornito una mole necessaria di informazioni, e soprattutto di essere stato d'aiuto in quanto giuda nel mondo della manipolazione mentale, rispettando sempre la scienza e le fonti certe, ma avendo anche contribuito parecchio nella riformulazione delle fonti e della reinterpretazione delle informazioni.

MANIPOLAZIONE MENTALE

*****FINE*****

L'AUTORE STEFANO GENTILINI

Stefano Gentilini nasce a Parma nel 1977; lì passa la sua vita, fino a quando decide di proseguire gli studi a Firenze, dove nel 2000 si laurea in Psicologia. Nel 2005 prende il via la sua professione di psicologo libero professionista, mentre nel 2010 apre un suo studio privato come psicoterapeuta. Durante gli anni di studio, sviluppa le sue passioni legate alla musica: compone musica da pianoforte e fa parte di un gruppo musicale rock fiorentino. Nel 2013 ho conseguito la specializzazione in Psicoterapia Cognitivo-Comportamentale dell'adulto e dell'età evolutiva presso la "PTS-Psicoterapia Training School". In questi anni ha lavorato nel settore della formazione scolastica e aziendale anche se il mio principale interesse rimane l'ambito clinico. La scrittura è la passione più grande per Stefano Gentilini.

Intelligenza Emotiva

Il Segreto Per Gestire Tutte le Proprie Emozioni e Amarsi

Questo libro coniuga la mia passione per la scrittura, agli studi svolti, che puoi trovare su Amazon in versione ebook, cartacea o audiobook cliccando su questo link.

Ecco la descrizione:

Vorresti Dominare le Tue Emozioni, ma a volte non ci riesci? Ti Senti Sopraffatto da Sentimenti Contrastanti Fra Loro? Non Riesci a Decifrare i Segnali (emozionali) che ti Mandano le Persone a Te più Care? Vorresti Finalmente Amarti Realmente e Quindi riuscire ad Amare?

Prove scientifiche dimostrano inconfutabilmente come **la nostra felicità dipende principalmente dal modo in cui gestiamo le nostre emozioni.**

Normalmente si pensa che l'intelligenza sia solo capacità logiche, abilità nel trovare i collegamenti. Ma l'intelligenza non è solo questo: **c'è una forte componente emotiva** anche nelle funzioni più razionali del pensiero che influenzano il nostro comportamento e il rapporto con gli altri.

Nel libro ti spiego perché **il successo o il fallimento** nei settori decisivi dell'esistenza sono determinati da una complessa miscela in cui hanno un ruolo predominante fattori come **l'autocontrollo, la perseveranza e l'empatia.**

Con una scrittura accattivante e scorrevole ti mostro in che modo l'intelligenza emotiva può essere sviluppata e perfezionata, per governare al meglio le nostre emozioni e ottenere sempre il meglio dalla vita.

L'intelligenza emotiva è costituita da 5 caratteristiche fondamentali che conoscerai in dettaglio: **Autoconsapevolezza, Autoregolazione o dominio di sé, Motivazione interiore, Empatia e le Abilità sociali**

Cosa Scoprirai:

1- **Un Piano D'azione** per Potenziare la tua Intelligenza Emotiva!

2- **Istruzioni Dettagliate** per Aiutarti a Costruire un Intelligenza Emotiva Solida Come una Roccia

3- Come Risolvere i Conflitti Interiori ed Esteriori

4- Come **Gestire le Proprie Emozioni** in Modo Efficace

5- Imparare a Gestire L'intelligenza Emotiva per Amarsi ed Amare.

6- **La chiave per il successo** personale è rappresentata dallo sviluppo dell'intelligenza emotiva

Questo libro è un valido aiuto per "*comprendere*" le nostre emozioni più intime, aiuta a lavorare meglio su se stessi ed essere più consapevolmente capaci di gestire la propria vita e le proprie emozioni in modo corretto.